AF154331

mare

KATHERINE MANSFIELD
IN DER BUCHT

ERZÄHLUNG

Aus dem Englischen
übersetzt
und mit einem Nachwort
von Nicole Seifert

mare

Die Originalausgabe erschien 1922 unter dem Titel
At the Bay im Band *The Garden-Party and other stories*
bei Constable, London.

Der Verlag behält sich die Verwertung der urheberrechtlich
geschützten Inhalte dieses Werkes für Zwecke des Text-
und Data-Minings nach § 44b UrhG ausdrücklich vor.
Jegliche unbefugte Nutzung ist hiermit ausgeschlossen.

1. Auflage 2025
© 2025 mareverlag GmbH & Co. oHG,
Pickhuben 2, 20457 Hamburg
Lektorat Angela Volknant, Hamburg
Einband- und Schubergestaltung
Nadja Zobel, Petra Koßmann / mareverlag
Abbildung akg-images / Lawren S. Harris
Typografie Iris Farnschläder / mareverlag
Schrift Stempel Garamond
Druck und Bindung Memminger MedienCentrum AG
ISBN 978-3-86648-729-1

www.mare.de

Kontaktadresse nach EU-Produktsicherheitsverordnung:
produktsicherheit@mare.de

INHALT

In der Bucht   7

Zartes und Schönes und ein kalter Hauch
Nachwort von Nicole Seifert   107

Viten   126

IN DER BUCHT

I

Ganz früh am Morgen. Die Sonne war noch nicht aufgegangen und die gesamte Crescent Bay von weißem Seenebel verdeckt. Die hohen, mit Büschen bewachsenen Hügel weiter hinten waren verhüllt. Man konnte nicht sehen, wo sie aufhörten und die Wiesen und Bungalows begannen. Die sandige Straße war verschwunden, und die Wiesen und Bungalows auf der anderen Seite auch; keine weißen Dünen mit rötlichem Gras; nichts ließ erkennen, was Strand war und wo das Meer begann. Der Tau senkte sich schwer. Das Gras war blau. Große Tropfen hingen an den Büschen und fielen gerade so nicht herunter; das silbrige, fedrige Toitoi-Gras hing schlaff an seinen langen Stielen, und in den Gärten der Bungalows neigten sich die Ringelblumen und Nelken vor Nässe der Erde zu. Durchtränkt waren die pinken Fuchsien, runde Tauperlen lagen auf den flachen Blättern der Kapuzinerkresse. Es sah aus, als wäre im Dunkeln überraschend das Meer gekommen, eine einzelne ungeheure Welle, schwellend, schwellend – bis? Wäre man mitten in der Nacht aufgewacht, man hätte vielleicht einen großen Fisch zum Fenster hereinschnellen und wieder verschwinden sehen …

Ah-Aah!, machte das müde Meer. Und aus dem Busch kam das Geräusch fließender kleiner Bäche; schnell, leicht strömten sie zwischen den glatten Steinen hindurch, in farnumwachsene Senken und wieder hinaus; da war das Platschen dicker Tropfen auf große Blätter, und noch etwas – was war das? –, ein schwaches Beben und Zittern, das Knacken eines Asts, und dann eine Stille, so als würde jemand lauschen.

Um die Biegung der Crescent Bay kam, zwischen Haufen von Felsbrocken, eine Schafherde getrappelt. Die Tiere drängten sich aneinander, eine kleine, rumpelnde, wollige Masse, und rannten auf ihren dünnen, stockartigen Beinen drauflos, als machten Kälte und Stille ihnen Angst.

Ihnen folgte mit nassen, sandigen Pfoten ein alter Hütehund, die Nase am Boden, aber achtlos, als wäre er in Gedanken woanders. Und dann erschien im felsigen Eingangstor der Schäfer selbst. Er war ein magerer, aufrechter alter Mann im derben Wollmantel, überzogen von einem Netz winziger Tropfen; die Samthose war unterm Knie gebunden, an der Krempe des Schlapphuts klemmte ein gefaltetes blaues Taschentuch. Die eine Hand hatte er in den Gürtel gesteckt, die andere umfasste einen wunderbar glatten gelben Stock. Er ließ sich Zeit und pfiff beim Gehen ganz leise und hell vor sich hin, leichte Flötentöne wie aus weiter Ferne, ihr Klang zart und traurig. Der alte Hund machte ein, zwei archaische Luftsprünge, hielt dann, beschämt von seinem Leichtsinn, abrupt inne und ging ein paar würdevolle Schritte an der Seite seines Herrn. Die Schafe stürmten mit kleinen Trippelschritten voran; sie fingen an zu blöken und erhielten Antwort von geisterhaften Herden und Scharen aus dem Meer. »Mää! Määä!« Eine Zeit lang schienen sie immer auf demselben Stück Erde zu bleiben. Vor ihnen erstreckte sich die sandige Straße mit flachen Pfützen; zu beiden Seiten standen triefende Büsche und schemenhafte Pfahlzäune. Dann kam etwas Gigantisches in Sicht; ein gewaltiger Riese mit wildem Haar und ausgestreckten Armen. Es war der große Eukalyptusbaum vor Mrs Stubbs' Laden, und als sie an ihm vorbeizogen, streifte sie deutlich ein Hauch seines Duftes. Und nun schimmerten große Lichtflecken im Nebel. Der Schäfer hörte auf zu pfeifen; er rieb sich mit dem nassen Ärmel die rote Nase und den nassen Bart und sah mit zusammengekniffenen Augen Richtung Meer. Die Sonne ging auf. Es war fabelhaft, wie schnell sich der Nebel lichtete, auseinandertrieb, sich von der flachen Ebene löste, vom Busch wälzte und verschwand, als hätte er es eilig zu entkommen; große Wirbel und Kringel stießen an- und aufeinander, und die silbrigen Strahlen wurden breiter. Der weit entfernte Himmel – ein klares, reines Blau – spiegelte sich in den Pfützen, und die von den Telegrafenmasten rinnenden Tropfen wurden zu blitzenden Lichtpunkten. Das springende, glitzernde Meer war jetzt so hell, dass die Augen beim Hinsehen schmerzten. Der Schäfer zog eine Pfeife aus seiner Brusttasche, deren Kopf so klein war wie eine Eichel, tastete nach einem Brocken Tabak, streifte ein paar Krümel ab und stopfte den Pfeifenkopf. Er war ein ernster, schöner alter Mann. Als er sie anzündete und blauer Rauch sich um seinen Kopf kräuselte, wirkte der Hund, der ihn beobachtete, stolz auf ihn.

»Mää! Määä!« Die Schafe stoben fächerförmig auseinander. Sie hatten die Sommersiedlung gerade hinter sich gelassen, als eine erste Schlafende sich rührte und benommen den Kopf hob; der Ruf der Tiere hallte in den Träumen kleiner Kinder nach … die ihre Arme hoben, um die lieben kleinen Wolllämmer aus Schlaf an sich zu drücken. Dann erschien die erste Bewohnerin; es war Florrie, die Katze der Burnells, die auf dem Torfposten saß und nach dem Milchmädchen Ausschau hielt, wie immer viel zu früh. Als sie den alten Hütehund sah, sprang sie schnell auf, machte einen Buckel, zog den gescheckten Kopf ein und schien pikiert zu erschauern. »Igitt! Was für eine grobe, abscheuliche Kreatur!«, sagte Florrie. Aber der alte Hütehund ging, ohne aufzusehen, wedelnd und mit den Beinen schlenkernd vorbei. Nur ein Ohr zuckte und bewies, dass er sie sah und für ein albernes junges Weibchen hielt.

Die Morgenbrise wehte durchs Gebüsch, und der Duft nach Blättern und nasser schwarzer Erde vermischte sich mit dem beißenden Geruch des Meeres. Unzählige Vögel sangen. Ein Distelfink flog über den Kopf des Schäfers, setzte sich auf die äußerste Spitze eines Zweigs und plusterte die kleinen Brustfedern auf. Jetzt waren sie an der Fischerhütte vorbei und auch an dem verkohlt wirkenden Maori-Häuschen, in dem Leila, das Milchmädchen, mit ihrer alten Großmutter lebte. Die Schafe verteilten sich über das gelbe Moor, und Wag, der Hütehund, trottete hinterher, trieb sie zusammen und zu dem steileren, schmaleren Felsenpass, der aus der Crescent Bay heraus in die Daylight Cove führte. »Mää! Määä!«, blökten sie matt, während sie über die schnell trocknende Straße schaukelten. Der Schäfer steckte seine

Pfeife so in die Brusttasche, dass der kleine Kopf herausschaute. Und sofort hob wieder das leise helle Pfeifen an. Wag lief auf einen Felsausläufer hinter etwas Duftendem her und machte angewidert wieder kehrt. Dann zogen die Schafe, drängelnd, stoßend, eilend um die Biegung, und der Schäfer folgte ihnen, bis er außer Sicht war.

II

Wenig später wurde die Hintertür von einem der Bungalows geöffnet, und eine Gestalt im breit gestreiften Badeanzug lief über die Wiese, nahm den Zauntritt, spurtete durch das hochstehende Gras in die Senke, taumelte den sandigen Hügel hinauf und lief, als ginge es um ihr Leben, über die großen porösen Steine, über die kalten, nassen Kiesel auf den harten Sand, der schimmerte wie Öl. Plitsch-Platsch! Plitsch-Platsch! Das Wasser schäumte um seine Beine, als Stanley Burnell jubelnd hindurchwatete. Erster, wie immer! Er hatte sie wieder alle geschlagen. Und er stürzte sich nach vorn, um mit Kopf und Hals unterzutauchen.

»Sei gegrüßt, Bruder! Sei gegrüßt, du Mächtiger!« Eine samtene Bassstimme dröhnte übers Wasser.

Himmelherrgott noch mal! Verdammt! Stanley kam wieder hoch und sah weiter draußen einen sich auf und ab bewegenden dunklen Kopf und einen erhobenen Arm. Es war Jonathan Trout – der früher dran war als er! »Wunderschöner Morgen!«, sang die Stimme.

»Ja, wirklich schön!«, sagte Stanley kurz angebunden. Warum zum Teufel blieb der Kerl nicht in seinem Teil des Meeres? Warum musste er genau an dieser Stelle hereinplatzen? Stanley versetzte dem Wasser einen Tritt, machte einen Satz und kraulte mit weit ausholenden Bewegungen. Aber Jonathan konnte es mit ihm aufnehmen. Da war er schon, das schwarze Haar glatt über der Stirn, der kurze Bart glatt.

»Ich habe letzte Nacht was Irres geträumt!«, schrie er.

Was hatte der Mann für ein Problem? Diese Manie, sich ständig zu unterhalten, ärgerte Stanley über die Maßen. Und es ging immer um dasselbe – immer um irgendeinen Quatsch über etwas, das er geträumt hatte, oder irgendeine seltsame Idee oder irgendeinen Blödsinn, den er gelesen hatte. Stanley drehte sich auf den Rücken und trat mit den Beinen einen wahren Platzregen los. Und dennoch … »Ich hab geträumt, ich würde an einer furchtbar hohen Klippe hängen und jemandem unten was zurufen.« Na klar!, dachte Stanley. Er hielt es nicht mehr aus. Er hörte auf zu treten. »Hör zu, Trout«, sagte er, »ich hab es heute Morgen ziemlich eilig.«

»WAS hast du?« Jonathan war so überrascht – oder tat jedenfalls so –, dass er unterging und dann prustend wieder auftauchte.

»Ich meine nur«, sagte Stanley, »ich hab keine Zeit für – für – Spielchen. Ich will es erledigen. Ich hab es eilig. Ich muss heute arbeiten – klar?«

Jonathan war weg, ehe Stanley ausgeredet hatte. »Geh nur, Freund«, sagte die Bassstimme freundlich, und er glitt durchs Wasser, fast ohne dass es sich kräuselte … Dieser verdammte Kerl! Er hatte Stanley das Schwimmen verdorben. Was für ein weltfremder Idiot der Mann war! Stanley schwamm weiter hinaus und dann genauso schnell wieder zurück und eilte den Strand hoch. Er fühlte sich betrogen.

Jonathan blieb etwas länger im Wasser. Er trieb vor sich hin, bewegte die Hände wie Flossen und ließ seinen langen, mageren Körper vom Meer schaukeln. Es war seltsam, aber irgendwie mochte er Stanley Burnell, trotz allem. Gut, er hatte manchmal das gemeine Bedürfnis, ihn aufzuziehen, sich über ihn lustig zu machen, aber im Grunde tat ihm der Kerl leid. Seine Entschlossenheit, aus allem eine Aufgabe zu machen, hatte etwas Bemitleidenswertes an sich. Man kam nicht umhin anzunehmen, dass er damit noch mal auf die Nase fallen würde! In diesem Augenblick hob eine enorme Welle Jonathan an, zog weiter und brach sich mit fröhlichem Lärm am Strand. Was für eine Schönheit! Und da kam schon die nächste. So musste man leben – unbekümmert, rücksichtslos, sich verausgabend. Er kam auf die Beine und watete Richtung Ufer, die Zehen in den festen, gewellten Sand gekrallt. Die Dinge leichtnehmen, nicht gegen das Auf und Ab des Lebens ankämpfen, sondern es zulassen – so musste man es machen. Diese Anspannung war vollkommen falsch. Leben – leben! Und der perfekte Morgen, so frisch und hell, im Licht badend, als lache er über seine eigene Schönheit, schien zu flüstern: »Warum nicht?«

Aber jetzt, wo er aus dem Wasser war, wurde Jonathan ganz blau vor Kälte. Alles tat ihm weh; es war, als würde jemand das Blut aus ihm wringen. Zitternd, mit verhärteten Muskeln stakste er den Strand hoch, auch ihm war das Schwimmen verdorben. Er war zu lange dringeblieben.

III

Beryl war allein im Wohnzimmer, als Stanley auftauchte, in seinem blauen Serge-Anzug mit steifem Kragen und einer gepunkteten Krawatte. Er wirkte fast unheimlich sauber und gekämmt; er würde den Tag in der Stadt verbringen. Als er sich auf den Stuhl sinken ließ, holte er seine Uhr hervor und legte sie neben seinen Teller.

»Ich habe nur fünfundzwanzig Minuten«, sagte er. »Könntest du mal nachsehen, ob der Porridge fertig ist, Beryl?«

»Mutter holt ihn gerade«, sagte Beryl. Sie setzte sich an den Tisch und schenkte ihm Tee ein.

»Danke!« Stanley trank einen Schluck. »Hallo!«, sagte er mit erstaunter Stimme, »du hast den Zucker vergessen.«

»Oh, Entschuldigung!« Aber auch jetzt bediente Beryl ihn nicht; sie schob ihm die Schale hin. Was hatte das zu bedeuten? Stanley nahm sich selbst, mit aufgerissenen blauen Augen, die zu zucken schienen. Er warf seiner Schwägerin einen kurzen Blick zu und lehnte sich zurück.

»Stimmt irgendwas nicht?«, fragte er leichthin und betastete seinen Kragen.

Beryl hielt den Kopf gesenkt; sie drehte den Teller in ihren Fingern.

»Nein«, sagte sie mit heller Stimme. Dann sah sie ebenfalls auf und lächelte Stanley an. »Was soll denn sein?«

»O-oh! Ich wüsste nichts. Ich fand, du wirkst irgendwie –«

In diesem Augenblick ging die Tür auf, und die drei kleinen Mädchen erschienen, jedes mit einem Teller Porridge. Sie trugen die gleichen blauen Hemden und kurze Hosen; die braunen Beine waren nackt und die Haare geflochten und hochgebunden zu etwas, das man Pferdeschwanz nannte. Hinter ihnen kam Mrs Fairfield mit dem Tablett.

»Vorsicht, Kinder«, warnte sie. Aber sie waren sehr sorgsam. Sie liebten es, Dinge tragen zu dürfen. »Habt ihr eurem Vater Guten Morgen gesagt?«

»Ja, Grandma.« Sie setzten sich Stanley und Beryl gegenüber auf die Bank.

»Guten Morgen, Stanley!« Die alte Mrs Fairfield gab ihm seinen Teller.

»Morgen, Mutter! Wie geht es dem Jungen?«

»Prächtig! Er ist letzte Nacht nur ein Mal aufgewacht. Was für ein perfekter Morgen!« Die alte Frau hielt inne, die Hand auf dem Brotlaib, um durch die offene Tür in den Garten zu sehen. Das Meer rauschte. Durch das weit geöffnete Fenster strömte die Sonne auf die gelb getünchten Wände und den blanken Boden. Alles auf dem Tisch blitzte und funkelte. In der Mitte stand eine alte Salatschüssel mit gelb und rot blühender Kapuzinerkresse. Mrs Fairfield lächelte, und ihre leuchtenden Augen zeugten von tiefer Zufriedenheit.

»Du könntest mir eine Scheibe Brot *abschneiden*, Mutter«, sagte Stanley. »Ich habe nur zwölfeinhalb Minuten, dann kommt die Kutsche. Hat jemand daran gedacht, dem Dienstmädchen meine Schuhe zu geben?«

»Ja, sie stehen für dich bereit.« Mrs Fairfield ließ sich nicht aus der Ruhe bringen.

»Oh, Kezia! Was bist du nur für ein Ferkel!«, rief Beryl verzweifelt.

»Ich, Tante Beryl?« Kezia starrte sie an. Was hatte sie denn getan? Sie hatte nur einen Fluss in ihren Porridge gegraben und ihn gefüllt, und jetzt aß sie zu beiden Seiten das Ufer weg. Aber das tat sie jeden Morgen, und bis jetzt hatte noch nie jemand etwas gesagt.

»Warum kannst du nicht einfach essen wie Isabel und Lottie?« Wie ungerecht Erwachsene sind!

»Aber Lottie macht immer schwimmende Inseln, oder, Lottie?«

»Ich nicht«, sagte Isabel gerissen. »Ich streue nur Zucker darüber, gieße Milch dazu und esse auf. Nur Babys spielen mit ihrem Essen.«

Stanley schob seinen Stuhl zurück und stand auf.

»Würdest du mir die Schuhe holen, Mutter? Und, Beryl, wenn du fertig bist, sei so gut und lauf runter zum Tor und halt die Kutsche an. Isabel, geh zu deiner Mutter und frag sie, wo meine Melone hingeräumt wurde. Moment mal – habt ihr mit meinem Stock gespielt, Kinder?«

»Nein, Vater!«

»Aber ich habe ihn hierhin gestellt«, begann Stanley zu schimpfen. »Es war diese Ecke, das weiß ich noch genau. Also, wer hatte ihn? Wir haben keine Zeit zu verlieren. Sucht überall! Ihr müsst den Stock wiederfinden.«

Sogar Alice, das Dienstmädchen, wurde hinzugezogen. »Sie haben nicht vielleicht das Feuer in der Küche damit geschürt?«

Stanley platzte ins Schlafzimmer, wo Linda im Bett lag. »Es ist wirklich nicht zu fassen. Nichts von meinen Sachen ist da, wo es hingehört. Jetzt haben sie meinen Stock verbaselt!«

»Aber welchen Stock denn, mein Lieber?« Lindas Gleichgültigkeit bei solchen Angelegenheiten konnte nicht echt sein, beschloss Stanley. Hatte denn niemand Mitgefühl mit ihm?

»Die Kutsche! Die Kutsche, Stanley!«, ertönte Beryls Stimme vom Tor.

Stanley winkte Linda. »Keine Zeit zum Verabschieden!«, rief er. Und das war als Strafe für sie gedacht.

Er schnappte sich seine Melone, stürzte aus dem Haus und den Gartenweg hinunter. Da stand die Kutsche und wartete auf ihn, und Beryl lachte am offenen Tor mit irgendwem, als wäre nichts geschehen. Wie herzlos Frauen waren! Für wie selbstverständlich sie es hielten, dass man sich für sie abschuftete, ohne sich ihrerseits auch nur die Mühe zu machen, den verlorenen Gehstock zu suchen. Kelly gab den Pferden die Peitsche.

»Wiedersehen, Stanley«, rief Beryl lieb und fröhlich. Schön einfach, Auf Wiedersehen zu rufen! Da stand sie, untätig, und beschattete ihre Augen mit der Hand. Das Schlimmste war, dass Stanley nun auch Auf Wiedersehen rufen musste, um den Schein zu wahren. Dann sah er, wie sie sich umdrehte, einen kleinen Hüpfer machte und zum Haus zurücklief. Sie war froh, ihn los zu sein!

Ja, sie war dankbar. Sie lief ins Wohnzimmer und rief »Er ist weg!«. Linda schrie aus ihrem

Zimmer: »Beryl! Ist Stanley weg?« Die alte Mrs Fairfield erschien, auf dem Arm den Jungen in seiner kleinen Flanelljacke.

»Weg?«

»Weg!«

Oh, die Erleichterung, wie anders es sich anfühlte, wenn der Mann aus dem Haus war. Wie sich allein ihre Stimmen veränderten, wenn sie sich etwas zuriefen; warm und liebevoll klangen sie, als teilten sie ein Geheimnis. Beryl ging zum Tisch. »Trink doch noch eine Tasse Tee, Mutter. Er ist noch heiß.« Sie wollte gern irgendwie zelebrieren, dass sie jetzt machen konnten, was sie wollten. Kein Mann würde sie stören; der ganze perfekte Tag gehörte ihnen.

»Nein, danke, Kind«, sagte die alte Mrs Fairfield, aber dass sie im selben Augenblick den Jungen in die Luft warf und »holla-holla-hoo« rief, bedeutete, dass sie ähnlich empfand. Die kleinen Mädchen liefen auf die Wiese wie Hühner, die aus dem Stall gelassen worden waren.

Sogar Alice, das Dienstmädchen, das in der Küche das Geschirr abwusch, ließ sich anstecken und verbrauchte vollkommen unbekümmert das wertvolle Wasser aus dem Tank.

»Oh, diese Männer!«, sagte sie, tauchte die Teekanne in die Schüssel und hielt sie noch unter Wasser gedrückt, als es aufgehört hatte zu blubbern, als wäre auch die ein Mann und Ertrinken noch zu gut für sie.

IV

»Warte auf mich, Isa-bel! Kezia, warte auf mich!«
Die arme kleine Lottie wurde schon wieder zu-
rückgelassen, weil sie es so furchtbar schwer
fand, allein über den Zauntritt zu kommen.
Wenn sie auf der ersten Stufe stand, fingen ihre
Knie an zu zittern; sie griff nach dem Pfosten.
Jetzt musste man ein Bein hinüberschwingen.
Aber welches? Das wusste sie nie. Und wenn sie
endlich mit dem Schwung der Verzweiflung ein
Bein auf der anderen Seite hatte – dann war das
ein furchtbares Gefühl. Sie war noch halb auf der
Wiese und halb im Rispengras. Sie klammerte
sich verzweifelt an den Pfosten und rief jetzt lau-
ter: »Wartet auf mich!«

»Nicht auf sie warten, Kezia«, sagte Isabel.
»Sie ist so ein Dummerchen. Immer macht sie
so ein Brimborium. Komm!« Sie zog Kezia am

Hemd. »Wenn du mitkommst, darfst du meinen Eimer benutzen«, sagte sie freundlich. »Der ist größer als deiner.« Aber Kezia konnte Lottie nicht alleinlassen. Sie lief zu ihr zurück. Inzwischen war Lottie ganz rot im Gesicht und atmete schwer.

»Los, heb das andere Bein rüber«, sagte Kezia.

»Wohin?«

Lottie sah zu Kezia hinunter, als befände sie sich auf einem Berg.

»Hier, wo meine Hand ist.« Kezia klopfte auf die Stelle.

»Ach, *da* meinst du!« Lottie seufzte schwer und schwang das andere Bein hinüber.

»So – und jetzt umdrehen, hinsetzen und runterrutschen«, sagte Kezia.

»Aber *worauf* soll ich mich denn setzen, Kezia?«, fragte Lottie.

Sie schaffte es am Ende, und sobald sie es hinter sich hatte, schüttelte sie sich und strahlte.

»Ich kann das immer besser, über Zauntritte klettern, oder, Kezia?«

Lottie hatte ein sehr hoffnungsfrohes Wesen.

Der rosa und der blaue Sonnenhut folgten Isabels leuchtend rotem Sonnenhut den schlitterigen, schwindenden Hügel hinauf. Oben angekommen, hielten sie inne, um zu überlegen, wohin sie gehen sollten, und um gut sehen zu können, wer schon alles da war. Von hinten wirkten sie wie winzige verwirrte Entdecker, wie sie so wild mit ihren Schaufeln vorm Horizont gestikulierten.

Die gesamte Familie Samuel Joseph war da, samt Kindermädchen, das auf einem Campinghocker saß und mit einer Pfeife um den Hals und einem kleinen Stock die Aktivitäten dirigierte und für Ordnung sorgte. Die Samuel Josephs spielten nie für sich oder planten ihr Spiel selbst. Und wenn doch, endete es damit, dass die Jungs den Mädchen Wasser in den Ausschnitt schütteten oder dass die Mädchen den Jungs kleine schwarze Krebse in die Taschen steckten. Also erstellte Mrs S. J. mit dem armen Dienstmädchen jeden Morgen ein »Brogramm«, wie sie es nannte, um sie zu »underhalden«, »damit sie keinen Unfuch machten«. Es waren immer Wettbewerbe oder Wettrennen oder Kartenspiele. Alles begann mit einem durchdringenden Pfiff des Dienstmädchens und endete mit einem weiteren. Es gab sogar Preise – große, ziemlich schmutzige Papierpäckchen, die das Kindermädchen mit einem sauren kleinen Lächeln aus einem ausgebeulten Einkaufsnetz holte. Die Samuel Josephs kämpften erbittert um die Preise und mogelten und kniffen sich in die Arme – im Kneifen waren sie alle Experten. Das einzige Mal, als die Burnell-Kinder mitgespielt hatten, gewann Kezia einen Preis, und nachdem sie drei Papierschichten entfernt hatte, fand sie darin einen sehr kleinen, angerosteten Stiefelknöpfer. Sie begriff nicht, warum man darum so einen Wind machte ...

Aber jetzt spielten sie nicht mehr mit den Samuel Josephs und gingen auch nicht zu ihren Festen. Die Samuel Josephs veranstalteten ständig Kinderpartys in der Bucht, und es gab immer dasselbe Essen. Eine große Abwaschschüssel voll sehr braunem Obstsalat, in Viertel geschnittene Brötchen und einen Waschkrug voll mit etwas, das das Dienstmädchen »Liebonade« nannte.

Und wenn man abends ging, war die halbe Rüsche vom Kleid gerissen, oder das Lochmuster der Schürze war ganz verdreckt, und die Samuel Josephs hüpften wie die Wilden über die Wiese. Nein! Sie waren einfach schrecklich.

Auf der anderen Strandseite unten, nah am Wasser, waren zwei kleine Jungen mit hochgerollten Hosenbeinen, leichtfüßig wie Spinnen. Der eine grub, der andere patschte immer wieder ins Wasser und befüllte einen kleinen Eimer. Das waren die Trout-Jungs, Pip und Rags. Aber Pip war so mit Graben beschäftigt und Rags so mit Helfen, dass sie ihre kleinen Cousinen erst bemerkten, als sie schon ganz nah waren.

»Seht mal!«, sagte Pip. »Seht mal, was ich gefunden hab.« Und er zeigte ihnen einen alten, nassen, zerknautschten Stiefel. Die drei kleinen Mädchen staunten.

»Aber was willst du denn damit machen?«, fragte Kezia.

»Behalten natürlich!« Pip war voller Verachtung. »Das ist ein Fundstück – kapiert?«

Ja, das kapierte Kezia. Trotzdem …

»Im Sand ist alles Mögliche vergraben«, erklärte Pip. »Das wird aus den Wracks gespült. Schätze. Man könnte alles Mögliche finden, auch …«

»Aber warum schüttet Rags so viel Wasser da rein?«, fragte Lottie.

»Na, damit es feucht bleibt«, sagte Pip, »das erleichtert uns die Arbeit. Mach weiter, Rags.«

Und der gute kleine Rags lief hin und her und goss Wasser hinein, das braun wurde wie Kakao.

»Hier, soll ich euch mal zeigen, was ich gestern gefunden habe?«, fragte Pip geheimnisvoll und steckte seine Schaufel in den Sand. »Ihr müsst versprechen, es nicht weiterzusagen.«

Sie versprachen es.

»Sagt: Hand aufs Herz, Ehrenwort.«

Die kleinen Mädchen sagten es.

Pip holte etwas aus seiner Tasche, rieb es lange vorn an seinem Pullover, hauchte dann darauf und rieb noch mal.

»Dreht euch um!«, befahl er.

Sie drehten sich um.

»Alle sehen in dieselbe Richtung! Stillstehen! Jetzt!«

Und seine Hand öffnete sich; er hielt etwas ins Licht, das blitzte, das funkelte, das von allerschönstem Grün war.

»Das ist ein Marakt«, sagte Pip feierlich.

»Echt jetzt, Pip?« Sogar Isabel war beeindruckt.

Das schöne grüne Ding schien in Pips Fingern zu tanzen. Tante Beryl hatte einen Maraktring, aber der Stein war ganz klein. Dieser war groß wie ein Stern und noch viel schöner.

V

Mit fortschreitendem Vormittag tauchten ganze Gruppen hinter den Sandhügeln auf und kamen zum Strand hinunter, um zu baden. Es war vereinbart, dass die Frauen und Kinder der Sommersiedlung das Meer um elf Uhr für sich hatten. Zuerst zogen sich die Frauen aus und ihre Badekleidung an und setzten sich scheußliche Kappen auf, die aussahen wie Waschbeutel; dann wurden die Kinder ausgezogen. Über den ganzen Strand verteilt lagen in kleinen Haufen Kleidung und Schuhe; die großen Sonnenhüte, mit Steinen beschwert, damit sie nicht wegwehten, wirkten wie übergroße Muscheln. Es war seltsam, dass sogar das Meer anders zu klingen schien, wenn all diese hüpfenden, lachenden Gestalten in die Wellen liefen. Die alte Mrs Fairfield, im fliederfarbenen Baumwollkleid und mit einem schwarzen, unter dem Kinn gebundenen Hut, versammelte ihre kleine Schar um sich und machte sie fertig. Die kleinen Trout-Jungs schwangen ihre Hemden über den Köpfen, und weg waren die fünf, während ihre Grandma die Hand in den Strickbeutel steckte, bereit, das Wollknäuel hervorzuholen, sobald sie sicher im Wasser waren.

Die kräftigen, kompakten kleinen Mädchen waren nicht halb so mutig wie die zarten, zierlich wirkenden Jungs. Pip und Rags gingen zitternd in die Hocke und klatschten ins Wasser, sie zögerten nie. Aber Isabel, die zwölf Züge schwimmen konnte, und Kezia, die fast acht schaffte, folgten ihnen nur unter der strikten Bedingung, dass sie nicht nass gespritzt wurden. Was Lottie betraf, die folgte ihnen gar nicht. Sie wollte bitte allein und auf ihre Weise gehen. Und das bedeutete, sich ans Ufer zu setzen, die Beine ausgestreckt, die Knie aneinandergepresst, und mit den Armen unbestimmte Bewegungen zu machen, als erwartete sie, aufs Meer hinausgeweht zu werden. Doch wenn eine ungewöhnlich große Welle, eine alte, bärtige in ihre Richtung wirbelte, sprang sie mit entsetztem Gesicht auf die Beine und floh den Strand hinauf.

»Hier, Mutter, würdest du bitte auf die aufpassen?«

Zwei Ringe und eine schmale Goldkette fielen in Mrs Fairfields Schoß.

»Ja, Liebes. Schwimmst du denn nicht hier?«

»N-nein«, sagte Beryl gedehnt. Sie schien unschlüssig. »Ich ziehe mich weiter unten um. Ich schwimme mit Mrs Harry Kember.«

»Schön.« Aber Mrs Fairfield presste die Lippen zusammen. Sie missbilligte Mrs Harry Kember. Beryl wusste das.

Arme alte Mutter. Sie lächelte, als sie über die Steine hüpfte. Arme alte Mutter! Alt! Ach, was war es für eine Freude, was für ein Glück, jung zu sein …

»Du wirkst ja sehr zufrieden«, sagte Mrs Harry Kember. Mit angezogenen Beinen, die Arme um die Knie geschlungen, saß sie auf den Steinen und rauchte.

»Es ist so ein schöner Tag«, sagte Beryl und lächelte zu ihr hinunter.

»Ach, meine *Liebe*!« Mrs Harry Kembers Stimme klang, als wüsste sie es besser. Aber ihre Stimme klang immer, als wüsste sie mehr über einen als man selbst. Sie war eine große, seltsam aussehende Frau mit schmalen Händen und Füßen. Auch ihr Gesicht war lang und schmal und sah erschöpft aus; sogar ihre blonden Ponyfransen wirkten verblichen und welk. Sie war die einzige Frau in der Bucht, die rauchte, und sie rauchte unaufhörlich, behielt die Zigarette noch beim Sprechen zwischen den Lippen und nahm sie nur raus, wenn die Asche so lang war, dass man nicht begriff, warum sie nicht abfiel. Wenn sie nicht gerade Bridge spielte – und sie spielte jeden einzelnen Tag Bridge –, verbrachte sie ihre Zeit damit, in der gleißenden Sonne zu liegen. Sie vertrug sie in hohem Maße; bekam nie genug. Dabei schien sie nicht von ihr gewärmt zu werden. Ausgetrocknet, kraftlos, kalt lag Mrs Harry Kember auf den Steinen ausgestreckt wie angeschwemmtes Treibgut. Die Frauen in der Bucht hielten sie für sehr, sehr verwegen. Ihr Mangel an Eitelkeit, ihr Jargon, dass sie Männer behandelte, als wäre sie einer von ihnen, und die Tatsache, dass sie sich nicht das kleinste bisschen um ihr Haus scherte und ihr Dienstmädchen Gladys »Glad-eyes« nannte, war empörend. Auf der Verandatreppe stehend, rief Mrs Kember mit ihrer gleichgültigen, müden Stimme: »Glad-eyes, wirf mir doch mal ein Taschentuch zu, wenn du eins findest, ja?« Und Glad-eyes, eine rote Schleife im Haar statt einer Haube und mit weißen Schuhen, kam mit unverschämtem Lächeln angelaufen. Es war ein absoluter Skandal! Gut, sie hatte keine Kinder, und ihr Mann ... Hier wurde es immer lauter; sie wurden eifrig. Wie hatte er sie heiraten können? Wie konnte er, wie konnte er nur? Es wird natürlich um Geld gegangen sein, aber selbst dann!

Mrs Kembers Mann war mindestens zehn Jahre jünger als sie und so unglaublich attraktiv, dass er aussah wie eine Maske oder die perfekte Illustration aus einem amerikanischen Roman, nicht wie ein Mensch. Schwarze Haare, dunkelblaue Augen, rote Lippen, ein bedächtiges, schläfriges Lächeln, ein guter Tennisspieler, ein

vollendeter Tänzer und bei alldem ein Myste-
rium. Harry Kember war wie ein Schlafwandler.
Männer konnten ihn nicht leiden, sie bekamen
kein Wort aus dem Kerl heraus; er ignorierte seine Frau genauso wie sie ihn. Wie lebte er? Es gab
natürlich Geschichten, und was für welche! Man
konnte sie schlichtweg nicht erzählen. Die Frau-
en, mit denen er gesehen worden war, die Orte,
an denen er gesehen worden war … aber nichts
war jemals verbürgt, nichts eindeutig. Manche
Frauen aus der Bucht glaubten insgeheim, dass
er eines Tages einen Mord begehen würde. Ja, sogar während sie mit Mrs Kember sprachen und
ihren fürchterlichen Aufzug betrachteten, sahen
sie sie ausgestreckt am Strand liegen wie jetzt;
aber kalt, blutverschmiert, immer noch eine Zigarette im Mundwinkel.

Mrs Kember stand auf, gähnte, ließ ihre Gür-
telschnalle aufschnappen und zog am Band ihrer
Bluse. Beryl stieg aus ihrem Rock, streifte ihren
Pullover ab und stand im kurzen weißen Unter-
rock und ihrem Mieder mit Schleifchen an den
Schultern da.

»Du meine Güte«, sagte Mrs Harry Kember, »was bist du für eine kleine Schönheit!«

»Hör doch auf!«, sagte Beryl leise; aber während sie erst den einen und dann den anderen Strumpf auszog, fühlte sie sich wie eine kleine Schönheit.

»Aber warum denn nicht, meine Liebe?«, fragte Mrs Harry Kember und trat auf ihren eigenen Unterrock. Wirklich – ihre Unterwäsche! Eine blaue Baumwollunterhose und ein Leinenleibchen, das etwas von einem Kopfkissenbezug an sich hatte … »Und du trägst nicht mal ein Korsett, oder?« Sie berührte Beryls Taille, und Beryl sprang mit einem affektierten kleinen Schrei zur Seite. Dann sagte sie entschieden: »Niemals!«

»Kleiner Glückspilz.« Mrs Kember seufzte und hakte ihres auf.

Beryl wandte ihr den Rücken zu und versuchte mit komplizierten Verrenkungen, ihre Kleidung aus- und den Badeanzug anzuziehen, alles zur selben Zeit.

»Ach, meine Liebe – beachte mich gar nicht«, sagte Mrs Harry Kember. »Warum so schüchtern? Ich fresse dich nicht. Ich bin nicht so leicht zu schockieren wie die anderen Dussel.« Sie gab ihr seltsames wieherndes Lachen von sich und zog mit Blick auf die anderen Frauen eine Grimasse.

Aber Beryl war schüchtern. Sie zog sich nie vor irgendjemandem aus. War das albern? Mrs Harry Kember gab ihr das Gefühl, es wäre albern, sogar etwas, für das sie sich schämen müsste. Und warum auch schüchtern sein! Sie warf einen kurzen Blick auf ihre Freundin, die so schamlos in ihrem verschlissenen Hemd dastand und sich eine neue Zigarette anzündete; und ein schnelles, kühnes, böses Gefühl stieg in ihrer Brust auf. Mit einem unbekümmerten Lachen zog sie den schlaffen, sandigen Badeanzug an, der noch nicht trocken war, und schloss die geflochtenen Knöpfe.

»So ist's besser«, sagte Mrs Harry Kember. Gemeinsam gingen sie den Strand hinunter. »Wirklich, es ist eine Sünde, dass du überhaupt Kleidung trägst, meine Liebe. Irgendwann musste dir das mal jemand sagen.«

Das Wasser war recht warm. Es war von diesem wunderbaren durchsichtigen Blau, gesprenkelt mit Silber, aber der Sand auf dem Grund wirkte golden; wenn man mit den Zehen wackelte, löste sich ein kleiner Bausch aus Goldstaub. Jetzt gingen ihr die Wellen gerade bis zur Brust. Beryl stand da, die Arme ausgestreckt, und blickte hinaus, und bei jeder Welle wieder machte sie einen ganz kleinen Hüpfer, sodass es schien, als würde die Welle sie leicht anheben.

»Ich bin dafür, dass hübsche Mädchen sich vergnügen«, sagte Mrs Harry Kember. »Warum auch nicht? Mach bloß keinen Fehler, meine Liebe. Genieß es.« Und plötzlich kenterte sie, verschwand und schwamm schnell, schnell wie eine Ratte, davon. Dann drehte sie um und schwamm wieder zurück. Sie wollte noch etwas anderes sagen. Beryl hatte das Gefühl, von dieser kalten Frau vergiftet zu werden, doch sie wollte es hören. Aber oh, wie seltsam, wie fürchterlich! Als Mrs Harry Kember näher kam, wirkte sie mit ihrer schwarzen, wasserdichten Badekappe, mit ihrem verschlafenen Gesicht dicht über dem

Wasser, das nur das Kinn berührte, wie eine fürchterliche Karikatur ihres Mannes.

VI

In einem Liegestuhl unter einem Manukabaum, der mitten auf dem vorderen Rasen wuchs, verträumte Linda Burnell den Vormittag. Sie machte nichts. Sie betrachtete die dunklen, geschlossenen, trockenen Blätter des Manuka, die Fetzen von Blau dazwischen, und hin und wieder landete eine winzige gelbliche Blüte auf ihr. Hübsch – ja, wenn man so eine Blüte in der Hand hielt und sie genau betrachtete, war sie ein exquisites kleines Ding. Jedes blassgelbe Blütenblatt glänzte, als wäre es das sorgsame Werk einer liebenden Hand. Durch die winzige Zunge in der Mitte erinnerte die Form an eine Glocke. Und drehte man die Blüte um, hatte sie außen einen tiefen Bronzeton. Aber kaum erblüht, fielen sie ab und lagen überall verteilt. Man wischte sie sich vom Kleid, wenn man sich unterhielt; die schrecklichen kleinen Dinger verfingen sich in den Haaren. Warum überhaupt erst blühen? Wer macht sich die Mühe – oder die Freude –, all das zu erschaffen, das so verschwendet wird, verschwendet … Es war unheimlich.

Neben ihr im Gras lag zwischen zwei Kissen der Junge. Schlafend lag er da, den Kopf von seiner Mutter abgewandt. Sein feines Haar wirkte eher wie ein Schatten als echtes Haar, aber sein Ohr leuchtete in einem tiefen Korallenrot. Linda verschränkte die Hände über dem Kopf und überkreuzte die Füße. Es war so angenehm zu wissen, dass all die Bungalows leer waren, dass alle unten am Strand waren, außer Sicht, außer Hörweite. Sie hatte den Garten für sich; sie war allein.

Blendend weiß strahlten die Picotees; die goldäugige Ringelblume glänzte; die Kapuzinerkresse umrankte die Verandapfosten mit grünen und goldenen Flammen. Hätte man nur Zeit, sich diese Blumen lange genug anzusehen, Zeit, das Gefühl des Neuen und Fremden zu überwinden, Zeit, sie kennenzulernen! Aber kaum hielt man inne, um die Blütenblätter zu teilen oder die Unterseite der Blätter zu entdecken, kam das Leben, und man wurde hinweggefegt. Hier auf ihrer Korbliege fühlte sich Linda so leicht; sie fühlte sich wie ein Blatt. Dann kam einem Wind gleich das Leben und ergriff und schüttelte sie; sie musste gehen. Ach je, würde es so immer sein? Gab es kein Entkommen?

… Jetzt saß sie auf der Veranda ihres Zuhauses in Tasmanien, an die Knie ihres Vaters gelehnt. Und er versprach: »Sobald du und ich alt genug sind, Linny, fliehen wir irgendwohin, wir hauen zusammen ab. Wir zwei Jungs. Ich habe Lust zu segeln, auf einem Fluss in China.« Linda sah diesen Fluss vor sich, sehr breit, voller kleiner Flöße und Boote. Sie sah die gelben Hüte der Schiffer, und sie hörte ihre hohen, dünnen Stimmen, mit denen sie riefen …

»Ja, Papa.«

Aber genau in dem Moment ging ein sehr stattlicher junger Mann mit leuchtend roten Haaren langsam an ihrem Haus vorbei und zog langsam, geradezu feierlich seinen Hut. Lindas

Vater zupfte sie neckend am Ohr, wie er es immer getan hatte.

»Linnys Verehrer«, flüsterte er.

»Oh, Papa, verheiratet mit Stanley Burnell, stell dir mal vor!«

Tja, nun war sie mit ihm verheiratet. Und liebte ihn auch noch. Nicht den Stanley, den alle sahen, nicht den alltäglichen; sondern den schüchternen, sensiblen, unschuldigen Stanley, der jeden Abend niederkniete, um zu beten, der sich danach sehnte, gut zu sein. Stanley war einfach. Wenn er an einen Menschen glaubte – so wie er zum Beispiel an sie glaubte –, dann aus vollem Herzen. Er konnte nicht untreu sein; er konnte nicht lügen. Und wie furchtbar er litt, wenn er dachte, irgendjemand – sie – wäre ihm gegenüber nicht ganz aufrichtig, nicht grundehrlich! »Das ist mir zu raffiniert!« Er stieß die Worte aus, aber sein offener, zuckender, bestürzter Blick war der eines in die Enge getriebenen Tieres.

Das Problem war – hier war Linda fast zum Lachen zumute, obwohl es weiß der Himmel nicht zum Lachen war –, sie sah *ihren* Stanley so selten. Es gab Momente, Augenblicke, Atempausen der Ruhe, aber die ganze restliche Zeit über war es, als lebte sie in einem Haus, das man nicht davon kurieren konnte, Feuer zu fangen, oder auf einem Schiff, das jeden Tag auf Grund lief. Und immer war es Stanley, der sich in großer Gefahr befand. Sie verbrachte ihre gesamte Zeit damit, ihn zu retten, ihn wiederaufzubauen, ihn zu beruhigen und seine Geschichte anzuhören. Und ihre verbleibende Zeit verbrachte sie mit der Angst, schwanger zu werden.

Linda runzelte die Stirn; sie setzte sich schnell auf ihrer Liege auf und umfasste ihre Knöchel. Ja, deshalb grollte sie dem Leben am meisten; das konnte sie einfach nicht verstehen. Das war die Frage, die sie immer wieder stellte, ohne eine Antwort zu erhalten. Es sagte sich leicht, dass es nun mal das Los von Frauen sei, Kinder zu bekommen. Es stimmte nicht. Schon sie allein konnte das widerlegen. Sie war ruiniert, geschwächt, hatte jeden Mut verloren durchs Kinderkriegen. Und was es noch schwerer zu ertragen machte, sie liebte ihre Kinder nicht. Es hatte keinen Zweck, so zu tun, als ob. Selbst wenn sie die Kraft gehabt hätte, hätte sie die kleinen Mädchen niemals gestillt oder mit ihnen gespielt. Nein, es war, als hätte auf jeder dieser furchtbaren Reisen ein frostiger Hauch sie durch und durch abgekühlt; es war keine Wärme mehr vorhanden, die sie ihnen hätte geben können. Was den Jungen betraf – dem Himmel sei Dank, dass Mutter ihn genommen hatte; er gehörte Mutter, oder Beryl, oder wer ihn sonst haben wollte. Er war ihr so gleichgültig, dass sie, wenn er so dalag … Linda sah nach unten.

Der Junge hatte sich umgedreht. Er lag mit dem Gesicht zu ihr da, und er schlief nicht mehr. Seine dunkelblauen Babyaugen waren offen; er sah aus, als würde er seine Mutter verstohlen beobachten. Plötzlich bildeten sich Grübchen in seinem Gesicht, und es verzog sich zu einem breiten, zahnlosen Lächeln, nichts Geringeres als ein Strahlen.

»Hier bin ich!«, schien dieses glückliche Lächeln zu sagen. »Warum magst du mich nicht?«

Das Lächeln hatte etwas so Wunderliches, etwas so Unerwartetes an sich, dass Linda selbst lächeln musste. Aber sie fing sich und sagte kühl zu dem Jungen: »Ich mag Babys nicht.«

»Du magst keine Babys?« Der Junge wollte ihr nicht glauben. »Du magst *mich* nicht?« Er wedelte albern mit den Armen.

Linda ließ sich von ihrer Liege auf den Rasen fallen.

»Warum lächelst du immer noch?«, fragte sie streng. »Wenn du wüsstest, worüber ich nachdenke, würdest du das nicht tun.«

Aber er kniff nur hinterhältig die Augen zusammen und drehte den Kopf auf dem Kissen hin und her. Er glaubte ihr kein Wort.

»Das wissen wir doch alle ganz genau!« Der Junge lächelte.

Linda war äußerst erstaunt vom Selbstbewusstsein dieses kleinen Wesens … Aber nein, sei ehrlich. Das war es nicht, was sie empfand; es war etwas vollkommen anderes, es war etwas Neues, so … Tränen tanzten in ihren Augen; sie hauchte leise: »Hallo, mein Kleiner!«

Aber inzwischen hatte der Junge seine Mutter vergessen. Er war wieder ernst. Etwas Rosafarbenes, etwas Weiches zog an ihm vorbei. Er griff danach, aber es verschwand sofort. Aber als er sich wieder zurücklehnte, tauchte wieder so eins auf, genau wie das erste. Diesmal war er entschlossen, es zu fangen. Er strengte sich ungeheuer an und rollte einmal ganz herum.

VII

Es war Ebbe; der Strand lag verlassen; träge schwappte das warme Meer. Die Sonne brannte, brannte heiß und glühend auf den feinen Sand, trocknete die grauen und blauen und schwarzen und weiß geäderten Kiesel. Sie sog den kleinen Wassertropfen aus der Mulde der gewölbten Muscheln; sie bleichte die rosa Winde, die sich weiter und immer weiter durch die Sanddünen fädelte. Außer den kleinen Schlickkrebsen schien sich nichts zu regen. Knister-knister! Sie hielten nie still.

Drüben, auf den mit Seegras bewachsenen Felsen, die bei Ebbe aussahen wie zum Trinken ans Wasser gekommene struppige Tiere, wirbelte das Sonnenlicht, als wären Silbermünzen in die kleinen Gezeitentümpel geworfen worden. Sie tanzten, sie bebten, und feinste Wellen umspülten den porigen Strand. Wenn man nach unten sah, sich vorbeugte, war jeder Tümpel wie ein See, an dessen Ufer sich rosa und blaue Häuser drängten; und ach! Das weite, gebirgige Land hinter diesen Häusern – die Schluchten und Pässe, die gefährlichen Bäche und furchterregenden Pfade, die an den Wassersaum führten. In der Tiefe wogte der Meereswald – fadenförmige rosa Bäume, samtige Anemonen und mit orangen Beeren gespickte Gräser. Da bewegte sich auf dem Grund ein Stein, kippte, und kurz war ein schwarzer Fühler zu sehen; da schwebte ein fadenförmiges Wesen vorbei und war verloren. Etwas geschah mit den wogenden rosa Bäumen; sie verwandelten sich in ein kaltes Mondscheinblau. Und dann war ein schwaches »Plop« zu hören. Wer hatte das Geräusch gemacht? Was ging da unten vor? Und wie stark, wie feucht der Tang in der heißen Sonne roch …

In den Bungalows der Sommerkolonie waren die grünen Fensterläden geschlossen. Erschöpft aussehende Badeanzüge und breit gestreifte Handtücher hingen über Veranden, lagen flach auf der Wiese, waren über den Zaun geworfen worden. Auf jeder der hinteren Fensterbänke war ein Paar Strandschuhe zu sehen und ein Haufen Steine oder ein Eimer mit einer Sammlung Paua-Muscheln. Das Gebüsch flirrte im Hitzedunst; die sandige Straße war leer bis auf Snooker, den Hund der Trouts, der sich genau in der Mitte ausgestreckt hatte. Ein blaues Auge nach oben gerichtet, die Beine steif ausgestreckt, gab er gelegentlich ein verzweifelt klingendes Schnauben von sich, als wollte er mitteilen, dass er beschlossen hatte, alldem ein Ende zu machen, und nur darauf wartete, dass ein freundlicher Wagen vorbeikam.

»Wo schaust du denn hin, Grandma? Warum hörst du immer wieder auf und starrst an die Wand?«

Kezia und ihre Großmutter machten zusammen Siesta. Das kleine Mädchen, das nur kurze Hose und Unterhemd trug, Arme und Beine nackt, lag auf einem der aufgeschüttelten Kissen im Bett der Großmutter, und die alte Frau saß in einem weißen, gerüschten Morgenmantel in einem Schaukelstuhl am Fenster, im Schoß ein rosa Strickzeug. Sie teilten sich dieses Zimmer, das, wie die anderen des Bungalows, aus hell lackiertem Holz und nackten Bodendielen bestand. Das Mobiliar war äußerst schäbig und einfach. Der Toilettentisch zum Beispiel bestand aus einer Kiste mit einem geblümten Musselin-Unterrock, und der Spiegel darüber sah sehr seltsam aus; als wäre darin ein gezackter Blitz gefangen. Auf dem Tisch stand ein Glas mit Strandnelken, so dicht zusammengedrängt, dass sie eher aussahen wie ein Nadelkissen aus Samt, und da lag eine besondere Muschel, die Kezia ihrer Großmutter als Behältnis für ihre Stecknadeln geschenkt hatte, und eine, die noch besonderer war und in der man, wie sie glaubte, sehr gut eine zusammengerollte Uhr aufbewahren konnte.

»Sag schon, Grandma«, sagte Kezia.

Die alte Frau seufzte, schlang den Wollfaden zweimal um den Daumen und schob die Porzellannadel hindurch. Sie nahm Maschen auf.

»Ich habe an deinen Onkel William gedacht, Liebes«, sagte sie ruhig.

»An meinen australischen Onkel William?«, fragte Kezia. Sie hatte noch einen anderen.

»Ja, natürlich.«

»Den, den ich nie kennengelernt habe?«

»An genau den.«

»Was ist denn mit ihm?« Kezia wusste es nur zu gut, aber sie wollte es noch einmal hören.

»Er ging zum Bergwerk, bekam dort einen Hitzschlag und starb«, sagte Mrs Fairfield.

Kezia blinzelte nachdenklich und stellte sich das Bild noch einmal vor … Ein kleiner Mann, der neben einem großen schwarzen Loch umfällt wie ein Zinnsoldat.

»Macht es dich traurig, an ihn zu denken, Grandma?« Sie hasste es, wenn ihre Großmutter traurig war.

Nun war es an der alten Frau, zu überlegen. Machte es sie traurig? Zurückzuschauen, zurück. In die Ferne der Jahre zu starren, wie Kezia richtig bemerkt hatte. *Ihnen* hinterherzusehen, wie Frauen es tun, auch wenn *sie* schon lange nicht mehr zu sehen sind. Machte es sie traurig? Nein, so war das Leben nun mal.

»Nein, Kezia.«

»Aber warum?«, fragte Kezia. Sie hob einen nackten Arm und malte etwas in die Luft. »Warum musste Onkel William sterben? Er war doch noch nicht alt.«

Mrs Fairfield begann in Dreiergruppen die Maschen zu zählen. »Es ist einfach passiert«, sagte sie abwesend.

»Muss jeder Mensch sterben?«, fragte Kezia.

»Jeder!«

»*Ich auch?*« Kezia klang ängstlich und ungläubig.

»Irgendwann schon, Liebes.«

»Aber, Grandma.« Kezia streckte das linke Bein aus und wackelte mit den Zehen. Sie fühlten sich sandig an. »Was, wenn ich das einfach nicht mache?«

Die alte Frau seufzte erneut und zog am Wollknäuel, bis sie genug Faden hatte.

»Man wird nicht gefragt, Kezia«, sagte sie traurig. »Früher oder später passiert es uns allen.«

Kezia lag still da und dachte darüber nach. Sie

wollte nicht sterben. Es bedeutete, dass sie hier wegmusste, überall wegmusste, für immer, dass sie – von ihrer Grandma wegmusste. Schnell drehte sie sich herum.

»Grandma«, sagte sie alarmiert.

»Was denn, mein Schätzchen?«

»*Du* sollst aber nicht sterben.« Kezia klang sehr bestimmt.

»Ach, Kezia« – ihre Großmutter sah auf und schüttelte lächelnd den Kopf –, »lass uns nicht darüber reden.«

»Aber du sollst nicht. Du darfst mich nicht allein lassen. Du darfst nicht nicht da sein.« Es war schrecklich. »Versprich mir, dass du das nicht tust, Grandma, niemals«, bettelte Kezia.

Die alte Frau strickte weiter.

»Versprich es mir! Sag niemals!«

Aber ihre Großmutter schwieg immer noch.

Kezia rollte sich vom Bett; sie ertrug es nicht mehr und sprang ihrer Großmutter auf die Knie, schlang die Hände um den Hals der alten Frau, küsste sie unters Kinn, hinter die Ohren und pustete ihr in den Nacken.

»Sag niemals … sag niemals … sag niemals –«
Zwischen den Küssen holte sie Luft. Und dann
begann sie ganz sacht und vorsichtig, ihre Großmutter zu kitzeln.

»Kezia!« Die alte Frau ließ ihr Strickzeug fallen. Sie ließ den Schaukelstuhl nach hinten wippen. Sie kitzelte Kezia. »Sag niemals, sag niemals,
sag niemals«, gluckste Kezia, während sie sich lachend in den Armen lagen. »Komm, das reicht,
Kätzchen! Das reicht, mein wildes Pony!«, sagte die alte Mrs Fairfield und richtete ihre Haube.
»Heb mein Strickzeug auf.«

Beide hatten vergessen, worum es bei dem
»Niemals« gegangen war.

VIII

Der Garten lag noch in der prallen Sonne, als die Hintertür der Burnells mit einem Knall zufiel und eine bestens gelaunte Gestalt über den Weg zur Pforte ging. Es war Alice, das Dienstmädchen, das sich für seinen freien Nachmittag schön gemacht hatte. Sie trug ein weißes Baumwollkleid mit so vielen und so großen roten Punkten, dass man erschauderte, weiße Schuhe und einen Strohhut mit Mohnblumen an der hochgebogenen Krempe. Natürlich trug sie Handschuhe, weiße, deren metallene Verschlüsse angerostet waren, und in der Hand hielt sie einen ziemlich mitgenommen wirkenden Sonnenschirm, den sie ihren *Verblichenen* nannte.

Beryl, die am Fenster saß und ihr frisch gewaschenes Haar fächelte, dachte, dass sie so eine Kreatur noch nie gesehen hatte. Hätte Alice ihr

Gesicht noch mit einem Korken geschwärzt, bevor sie ausging – das Bild wäre komplett gewesen. Und wo ging so ein Mädchen überhaupt hin an einem Ort wie diesem? Der herzförmige Fidschi-Fächer schlug verächtlich auf die schöne glänzende Mähne. Wahrscheinlich, dachte sie, hatte Alice irgendeinen furchtbar gewöhnlichen Rowdy aufgegabelt, und sie gingen zusammen in den Busch. Zu dumm, dass sie sich so aufgetakelt hatte; in der Aufmachung würde es schwer werden, sich zu verstecken.

Aber Beryl tat ihr unrecht. Alice ging zu Mrs Stubbs zum Tee, die hatte ihr durch den Jungen, der immer die Bestellungen aufnahm, eine »Einladung« schicken lassen. Sie hatte Mrs Stubbs schon immer so gemocht, schon seit sie zum ersten Mal in ihrem Laden war, um etwas gegen Mücken zu kaufen.

»Meine Teuerste!« Mrs Stubbs hatte neben ihr in die Hände geklatscht. »Ich habe noch nie jemanden gesehen, der so zerstochen ist. Sie sehen ja aus, als wären Sie Kanningbalen in die Hände gefallen.«

Etwas mehr Leben auf der Straße hätte Alice sich allerdings gewünscht. Es war so ein seltsames Gefühl, dass niemand hinter ihr ging. Ihr war ganz mulmig zumute. Sie konnte sich nicht vorstellen, dass niemand sie beobachtete. Aber es wäre albern gewesen, sich umzudrehen; es hätte sie verraten. Sie zog ihre Handschuhe hoch, summte vor sich hin und sagte zu dem Eukalyptusbaum in der Ferne: »Bald bin ich ja da.« Aber als Gesellschaft zählte der auch nicht.

Mrs Stubbs' Laden lag auf einer kleinen Anhöhe unweit der Straße. Er hatte zwei große Fenster als Augen, eine breite Veranda als Hut, und das Schild auf dem Dach, auf das MRS STUBBS gepinselt worden war, steckte wie eine Visitenkarte salopp unter dem Hutband.

Auf der Veranda hing eine lange Leine mit Badeanzügen, die sich aneinanderklammerten, als wären sie gerade aus dem Meer gerettet worden, statt darauf zu warten hineinzukönnen; daneben hing eine Traube aus Strandschuhen derart durcheinander, dass man mit Gewalt mindestens fünfzig voneinander hätte trennen müssen, um an zwei zusammengehörende heranzukommen. Schon viele Leute hatten dabei die Geduld verloren und waren mit einem passenden Schuh davongezogen und einem, der etwas zu groß war ... Mrs Stubbs war stolz darauf, von allem etwas dazuhaben. In den zwei Fenstern stand jeweils eine wackelige Pyramide, so dicht und hoch gestapelt, dass nur ein Zauberer das Umkippen noch hätte verhindern können. In der linken Ecke eines Fensters befand sich – und zwar seit undenklichen Zeiten – eine Notiz, die mit vier Weingummis an die Scheibe geklebt war:

VERLOREN!
SCHÖNE GOLDBROSCHE
ECHTES GOLD
AM STRAND ODER IN DER NÄHE
FINDERLOHN

Alice drückte die Tür auf. Die Glocke klingelte, die roten Serge-Vorhänge teilten sich, und Mrs Stubbs erschien. Mit ihrem breiten Lächeln und dem langen Fleischermesser in der Hand sah sie aus wie eine freundliche Banditin. Alice wurde so herzlich begrüßt, dass es ihr schwerfiel, sich an ihre »Manieren« zu erinnern. Sie bestanden darin, andauernd zu hüsteln und sich zu räuspern, an den Handschuhen zu ziehen, am Rock zu zupfen und in der seltsamen Bemühtheit, zu erkennen, was ihr vorgesetzt, oder zu verstehen, was gesagt wurde.

Der Tisch war im Wohnzimmer gedeckt – Schinken, Sardinen, ein ganzes Pfund Butter und ein Laib Maisbrot, so groß, dass er wirkte wie aus einer Backpulverwerbung. Der Gaskocher brauste dermaßen laut, dass es sinnlos war, gegen ihn anzubrüllen. Alice setzte sich auf die Kante eines Korbstuhls, während Mrs Stubbs den Kocher noch höher drehte. Plötzlich fegte Mrs Stubbs das Kissen von einem Sessel und enthüllte ein großes braunes Päckchen.

»Ich habe gerade paar neue Fotos machen lassen, meine Liebe«, schrie sie Alice fröhlich zu. »Sagen Sie mal, was Sie davon halten.«

Auf sehr anmutige, kultivierte Weise befeuchtete Alice ihren Finger und nahm das Deckblatt von dem ersten Foto. Himmel! Wie viele es waren! Bestimmt drei Dutzend. Sie hielt es ins Licht.

Mrs Stubbs saß in einem Sessel, sehr weit zu einer Seite geneigt. Auf ihrem großen Gesicht lag ein Ausdruck leichten Erstaunens, und das aus gutem Grund. Denn der Sessel stand auf einem Teppich, links davon ein schäumender Wasserfall, der wie durch ein Wunder an der Teppichkante vorbeifloss. Zu ihrer Rechten eine griechische Säule mit riesigen Baumfarnen zu beiden Seiten, und im Hintergrund erhob sich ein schroffer Berg, weiß von Schnee.

»Geschmackvoll, oder?«, schrie Mrs Stubbs; und Alice brüllte gerade »Richtig toll«, als der Gaskocher aufhörte zu brausen, noch kurz zischte und dann still war, sodass ihr »So hübsch« in eine beängstigende Stille fiel.

»Ziehen Sie Ihren Stuhl näher ran«, sagte Mrs Stubbs und schenkte ihnen Tee ein. »Ja«, sagte sie nachdenklich, als sie ihr die Tasse reichte, »aber das Format gefällt mir nich. Ich lass sie vergrößern. Für Weihnachtskarten ist das ja gut und schön, aber kleine Fotos sind einfach nich so meins. Man hat irgendwie nix davon. Ehrlich gesagt finde ich sie enttäuschend.«

Alice konnte das halbwegs nachvollziehen.

»Größe«, sagte Mrs Stubbs. »Ich will Größe. Das hat mein armer verstorbener Mann immer gesagt. Kleine Sachen konnte er nicht ausstehen. Die fand er zum Gruseln. Und so seltsam es scheinen mag, meine Liebe« – hier ächzte Mrs Stubbs und schien sich angesichts der Erinnerung selbst auszudehnen –, »am Ende war es die Wassersucht, die ihm den Rest gegeben hat. Wie oft haben se ihm im Krankenhaus fast einen Liter abgezapft … War wie ne Strafe.«

Alice brannte darauf zu erfahren, was ihm da genau abgezapft worden war. Sie wagte zu fragen: »Ich nehme an, es war Wasser.«

Aber Mrs Stubbs fixierte Alice mit ihrem Blick und antwortete bedeutungsschwer: »Es war *Flüssigkeit*, meine Liebe.«

Flüssigkeit! Alice fuhr vor dem Wort zurück wie eine Katze und näherte sich ihm dann wieder neugierig und misstrauisch.

»Das isser!«, sagte Mrs Stubbs und zeigte theatralisch auf Kopf und Schultern eines bulligen Mannes in Lebensgröße; im Knopfloch seines Mantels steckte eine leblose weiße Rose, die an einen Klumpen kaltes Hammelfett erinnerte. Direkt darunter stand in silbernen Buchstaben auf roter Pappe: »Ich bin es, fürchtet euch nicht.«

»So ein schönes Gesicht«, sagte Alice matt.

Die hellblaue Schleife oben auf Mrs Stubbs' blondem, krausem Haar bebte. Sie bog den kräftigen Hals nach hinten. Was für einen Hals sie hatte! Leuchtend rosa am Ansatz, ging er in ein warmes Apricot über, das dann die Farbe von einem braunen Ei annahm und schließlich einen dunklen Cremeton.

»Trotz allem, meine Liebe«, sagte sie überraschenderweise, »Freiheit ist das Beste!« Ihr leises, volles Lachen klang wie ein Schnurren. »Freiheit ist das Beste«, sagte sie noch einmal.

Freiheit! Alice gab ein lautes, albernes kleines Kichern von sich. Sie fühlte sich komisch. Ihre Gedanken flogen zu ihrer eigenen Küche. Wie seltsam! Dort wollte sie wieder sein.

IX

Eine seltsame Gesellschaft versammelte sich nach dem Tee im Waschhaus der Burnells. Um den Tisch saßen ein Stier, ein Hahn, ein Esel, der immer wieder vergaß, dass er ein Esel war, ein Schaf und eine Biene. Das Waschhaus war der ideale Ort für so ein Treffen, weil sie so viel Lärm machen konnten, wie sie wollten, und niemand sie je unterbrach. Es war eine kleine Blechhütte etwas abseits des Bungalows. An der Wand befand sich eine tiefe Wanne und in der Ecke ein Kupferkessel, darauf ein Korb mit Wäscheklammern. Auf der staubigen Fensterbank des kleinen, mit Spinnweben überzogenen Fensters standen eine Kerze und eine Mausefalle. Über ihnen zogen sich kreuz und quer Wäscheleinen durch den Raum, und an einem Haken an der Wand hing ein sehr großes, ein riesiges, rostiges Hufeisen. Der Tisch stand in der Mitte, zu jeder Seite eine Bank.

»Du kannst keine Biene sein, Kezia. Eine Biene ist kein Tier. Das ist ein Ninseck.«

»Aber ich will eine Biene sein, unbedingt«, jammerte Kezia … Eine winzige Biene, mit viel gelbem Pelz und mit gestreiften Beinen. Sie zog die Beine an und beugte sich über den Tisch. Sie hatte das Gefühl, eine Biene zu sein.

»Ein Ninseck muss ein Tier sein«, sagte sie entschlossen. »Es macht Töne. Nicht wie ein Fisch.«

»Ich bin ein Stier, ich bin ein Stier!«, rief Pip. Und er gab so ein gewaltiges Dröhnen von sich – wie machte er nur so ein Geräusch? –, dass Lottie ziemlich beunruhigt wirkte.

»Und ich bin ein Schaf«, sagte der kleine Rags. »Heute Morgen sind ganz viele Schafe vorbeigekommen.«

»Woher weißt du das?«

»Dad hat sie gehört. Mäh!« Er klang wie das kleine Lamm, das hinterhertrottet und darauf zu warten scheint, dass es getragen wird.

»Kikeriki!«, kreischte Isabel. Mit ihren roten Wangen und leuchtenden Augen sah sie auch aus wie ein Hahn.

»Was soll ich sein?«, fragte Lottie jeden und wartete lächelnd darauf, dass sie es für sie entschieden. Es musste was Einfaches sein.

»Sei ein Esel, Lottie.« Das war Kezias Vorschlag. »I-ah! Das vergisst du nicht.«

»I-ah!«, sagte Lottie feierlich. »Wann muss ich das sagen?«

»Ich erklär's ihr, ich erklär's ihr«, sagte der Stier. Er schwenkte die Karten über seinem Kopf. »Alle mal ruhig! Alle mal zuhören!« Er wartete ab. »Schau, Lottie.« Er drehte eine Karte um. »Da sind zwei Augen drauf – siehst du? Wenn du die jetzt in die Mitte legst und jemand anders hat auch eine Karte mit zwei Augen, dann sagst du ›I-ah‹, und die Karte gehört dir.«

»Mir?« Lottie machte große Augen. »Zum Behalten?«

»Nein, Dummchen. Nur für das Spiel, verstehst du? Nur solange wir spielen.« Der Stier war sehr sauer auf sie.

»Ach, Lottie, du *bist* aber auch ein Dummchen«, sagte der stolze Hahn.

Lottie sah sie beide an. Dann ließ sie den Kopf hängen; ihre Unterlippe bebte. »Ich will überhaupt nicht spielen«, wisperte sie. Die anderen sahen einander an wie Verschworene. Alle wussten, was das hieß. Sie würde weglaufen, und dann würde man sie irgendwo mit der Schürze über dem Kopf finden, in einer Ecke oder an einer Mauer oder sogar hinter einem Sessel.

»Doch, *willst* du, Lottie. Es ist ganz einfach«, sagte Kezia.

Und Isabel, die ein schlechtes Gewissen hatte, sagte genau wie eine Erwachsene: »Guck mir zu, Lottie, dann lernst du es schnell.«

»Kopf hoch, Lot«, sagte Pip. »Ich weiß schon, was ich mache. Ich gebe dir die erste Karte. Eigentlich ist das meine, aber ich gebe sie dir. Da.« Und er klatschte Lottie die Karte hin.

Das munterte Lottie auf. Aber jetzt hatte sie ein anderes Problem. »Ich hab kein Taschentuch«, sagte sie; »ich brauche aber dringend eins.«

»Hier, Lottie, du kannst meins nehmen.« Rags

griff in sein Matrosenhemd und holte ein sehr nass wirkendes, an den Enden geknotetes Taschentuch hervor. »Aber ganz vorsichtig«, warnte er sie. »Nur die eine Ecke benutzen. Nicht den Knoten lösen. Da drin ist ein kleiner Seestern, den ich zähmen will.«

»Los jetzt, Mädchen«, sagte der Stier. »Und denkt dran – ihr dürft eure Karten noch nicht ansehen. Ihr müsst die Hände unterm Tisch behalten, bis ich ›Los‹ sage.«

Die Karten klatschten rundum auf den Tisch. Sie versuchten um jeden Preis, etwas zu erkennen, aber Pip war zu schnell für sie. Es war sehr aufregend, im Waschhaus zu sitzen; sie schafften es gerade so, nicht in ein kleines Tierkonzert auszubrechen, bis Pip mit dem Austeilen fertig war.

»Los, Lottie, du fängst an.«

Schüchtern streckte Lottie eine Hand aus, nahm die oberste Karte von ihrem Stapel, betrachtete sie sehr genau – offensichtlich zählte sie die Augen – und legte sie ab.

»Nein, Lottie, so geht das nicht. Du darfst vorher nicht gucken. Du musst sie umdrehen.«

»Aber dann sehen sie ja alle anderen auch«, sagte Lottie.

Das Spiel ging weiter. Muu-huu-huar! Der Stier war schrecklich. Er warf sich über den Tisch und schien die Karten auffressen zu wollen.

Bss-ss!, machte die Biene.

Kikeriki! Isabel stand in ihrer Erregung auf und bewegte die Ellbogen wie Flügel.

Mäh! Der kleine Rags legte den Karokönig ab, und Lottie legte die Karte ab, die sie Piekskönig nannten. Sie hatte fast keine Karten mehr übrig.

»Warum machst du kein Geräusch, Lottie?«

»Ich hab vergessen, was ich bin«, sagte der Esel traurig.

»Dann sei was anderes! Sei doch ein Hund! Wuff-wuff!«

»Oh ja. Das ist *viel* einfacher.« Lottie lächelte wieder. Aber als sie und Kezia beide ein Auge hatten, wartete Kezia absichtlich ab. Die anderen gaben Lottie Zeichen und zeigten mit dem Finger. Lottie wurde dunkelrot; sie wirkte verwirrt und machte schließlich »I-ah! Ke-zia«.

»Ss! Seid mal still!« Sie waren gerade mittendrin, als der Stier sie unterbrach und eine Hand hob. »Was ist das? Was ist das für ein Geräusch?«

»Was für ein Geräusch? Was meinst du?«, fragte der Hahn.

»Schh! Seid still! Hört doch!« Sie waren mucksmäuschenstill. »Ich dachte, ich hätte ein – eine Art Klopfen gehört«, sagte der Stier.

»Wie hat es sich denn angehört?«, fragte das Schaf besorgt. Keine Antwort.

Die Biene schauderte. »Warum haben wir bloß die Tür zugemacht?«, fragte sie leise. Ach, warum, warum hatten sie die Tür zugemacht?

Während ihres Spiels hatte sich der Tag verzogen; der prächtige Sonnenuntergang war aufgelodert und erloschen. Und nun kam die schnelle Dunkelheit übers Meer gejagt, über die Dünen, die Wiese hoch. Man hatte Angst, in die Ecken des Waschhauses zu schauen, und doch musste man seinen Mut zusammennehmen und es tun. Und irgendwo, weit entfernt, machte Grandma eine Lampe an. Die Jalousien wurden heruntergezogen; im Zinnzeug auf dem Kaminsims tanzte das Küchenfeuer.

»Wäre das nicht schrecklich«, sagte der Stier, »wenn eine Spinne von der Decke auf den Tisch fallen würde?«

»Spinnen fallen nicht von der Decke.«

»Tun sie wohl. Unsere Min hat uns erzählt, sie hat mal eine Spinne gesehen, die war groß wie eine Untertasse und hatte ganz lange Haare, wie eine Stachelbeere.«

Schnell rissen alle die kleinen Köpfe hoch; die kleinen Körper rückten zusammen, drängten sich aneinander.

»Warum kommt denn niemand und ruft uns?«, schrie der Hahn.

Oh, diese Erwachsenen – lachten und hatten es behaglich, saßen im Lampenlicht und tranken aus Bechern! Sie hatten sie vergessen. Nein, nicht wirklich vergessen. Ihr Lächeln verriet sie. Sie hatten beschlossen, sie sich selbst zu überlassen.

Plötzlich stieß Lottie einen derart durchdringenden Schrei aus, dass alle von der Bank aufsprangen und ebenfalls schrien. »Ein Gesicht – ein Gesicht!«, kreischte Lottie.

Es stimmte, es war echt. An die Fensterscheibe drückte sich ein blasses Gesicht, schwarze Augen, schwarzer Bart.

»Grandma! Mutter! Hört uns denn niemand!«

Aber noch bevor sie an der Tür angekommen waren, alle übereinander stolpernd, ging sie auf, und Onkel Jonathan trat ein. Er war gekommen, um die kleinen Jungs abzuholen.

X

Er hatte eigentlich früher kommen wollen, war aber im Vorgarten auf Linda gestoßen, die auf dem Rasen auf und ab ging, stehen blieb, um hier eine verwelkte Nelke abzuknipsen, dort eine kopflastige abzustützen oder um irgendeinen Duft tief einzuatmen und dann auf ihre immer etwas abwesende Art weiterzugehen. Über ihrem weißen Kleid trug sie ein gelbes Tuch mit rosa Fransen aus dem China-Laden.

»Hallo Jonathan«, rief Linda. Und Jonathan riss sich den abgetragenen Panamahut vom Kopf, drückte ihn sich an die Brust, ging auf ein Knie und küsste Linda die Hand.

»Sei gegrüßt, meine Schöne! Sei gegrüßt, meine himmlische Pfirsichblüte!«, brummte die Bassstimme sanft. »Wo sind denn die anderen edlen Damen?«

»Beryl ist zum Bridgespielen verabredet, und Mutter badet den Jungen ... Willst du dir irgendwas ausleihen?«

Den Trouts ging ständig irgendwas aus, das sie sich dann im letzten Moment von den Burnells borgten.

Aber Jonathan antwortete nur: »Ein bisschen Liebe, ein bisschen Freundlichkeit«, und ging neben seiner Schwägerin her.

Linda ließ sich in Beryls Hängematte unter dem Manukabaum fallen, und Jonathan streckte sich neben ihr auf dem Rasen aus, pflückte einen langen Halm und kaute daran. Sie kannten einander gut. Aus den anderen Gärten waren Kinderstimmen zu hören. Der leichte Karren eines Fischers rumpelte über die sandige Straße, und in der Ferne hörten sie einen Hund bellen; ganz dumpf, als steckte der Kopf des Hundes in einem Sack. Wenn man gut hinhörte, konnte man das leise Plätschern des Meeres hören, das bei Flut die Kiesel streifte. Die Sonne ging langsam unter.

»Und Montag musst du wieder ins Büro, Jonathan?«, fragte Linda.

»Am Montag geht die Käfigtür auf und fällt für weitere elf Monate und eine Woche hinter dem Opfer ins Schloss«, antwortete Jonathan.

Linda schaukelte ein bisschen hin und her. »Das muss furchtbar sein«, sagte sie langsam.

»Soll ich lachen, holde Schwester? Soll ich weinen?«

Linda war so an Jonathans Redeweise gewöhnt, dass sie sie nicht weiter beachtete.

»Wahrscheinlich«, sagte sie zögernd, »gewöhnt man sich dran. Man gewöhnt sich an alles.«

»Wirklich? Hm!« Das »Hm« klang so tief, als dröhne es in der Erde. »Ich frage mich, wie das gehen soll«, überlegte Jonathan. »Mir ist es noch nicht gelungen.«

Linda betrachtete ihn, wie er so dalag, und dachte mal wieder, wie gut er aussah. Es war seltsam, dass er nur ein gewöhnlicher Angestellter war, dass Stanley doppelt so viel verdiente wie er. Was war nur los mit Jonathan? Er hatte keine Ambitionen; wahrscheinlich war es das. Und doch hatte man das Gefühl, dass er begabt war, außergewöhnlich. Er liebte leidenschaftlich die Musik; jeden Penny, den er erübrigen konnte, gab er für Bücher aus. Er hatte ständig neue Ideen, Vorhaben, Pläne. Aber aus nichts wurde etwas. Neues Feuer loderte in Jonathan; man hörte es beinahe leise knistern, wenn er eine neue Sache erklärte, beschrieb und entwickelte; aber schon einen Augenblick später war alles in sich zusammengefallen, und da war nur noch Asche, und Jonathan lief mit einem hungrigen Ausdruck in seinen schwarzen Augen herum. In solchen Zeiten trieb er seine absurde Art zu reden auf die Spitze, und er sang in der Kirche – er leitete den Chor – mit derart dramatischer Intensität, dass noch das schlichteste Kirchenlied eine unheilige Pracht entfaltete.

»Es erscheint mir noch genauso schwachsinnig und höllisch wie immer, montags ins Büro gehen zu müssen«, sagte Jonathan, »und das wird sich auch nie ändern. Die besten Jahre seines Lebens damit zu verbringen, von neun bis fünf auf einem Stuhl zu sitzen und irgendwem was ins Kontoblatt zu kritzeln! Es ist doch verrückt, sein eines ... sein einziges Leben so zu verbringen, oder? Oder beliebe ich zu spintisieren?« Er drehte sich im Gras auf die andere Seite und sah zu Linda auf. »Sag doch mal, was ist der Unterschied zwischen meinem Leben und dem eines ganz normalen Gefangenen? Ich sehe nur einen Unterschied, nämlich dass ich mich selbst ins Gefängnis eingeliefert habe und mich niemand je freilassen wird. Das macht die Situation noch unerträglicher. Hätte man mich ... gegen meinen Willen hineingestoßen ... hätte ich mich mit Händen und Füßen gewehrt ... vielleicht hätte ich es akzeptiert, sobald die Tür hinter mir geschlossen worden wäre, vielleicht nach fünf Jahren oder so, vielleicht hätte ich angefangen, mich für den Flug der Fliegen zu interessieren, oder ich hätte die Schritte des Wärters im Flur studiert, mit besonderer Berücksichtigung der Veränderungen in seinem Gang und so weiter. Aber so bin ich wie ein Insekt, das aus freien Stücken in ein Zimmer geflogen ist. Ich knalle gegen die Wände, knalle gegen die Fenster, falle von der Decke, tue Gott weiß was, nur nicht wieder aus dem Zimmer fliegen. Und die ganze Zeit über denke ich, wie diese Motte oder dieser Schmetterling oder was es auch ist: ›Wie kurz das Leben ist! Wie kurz das Leben ist!‹ Ich habe nur eine Nacht oder einen Tag, und da draußen wartet dieser riesige gefährliche Garten, unentdeckt, unerforscht.«

»Aber wenn du es so empfindest, warum –«, warf Linda schnell ein.

»*Ah!*«, rief Jonathan. Und dieses »Ah!« war geradezu ein Jubel. »Jetzt hast du mich. Warum? Ja, warum? Das ist die unerträgliche, rätselhafte Frage. Warum fliege ich nicht wieder nach draußen? Da ist das Fenster oder die Tür oder wodurch auch immer ich hereingekommen bin. Nichts davon ist hoffnungslos verschlossen – oder? Warum fliege ich nicht hinaus, und weg bin ich? Antworte mir, Schwesterchen.« Aber er gab ihr keine Gelegenheit, zu antworten.

»Auch da bin ich wie dieses Insekt. Aus irgendeinem Grund« – Jonathan hielt kurz inne – »ist es nicht erlaubt, es ist verboten, es ist gegen das Insektengesetz, aufzuhören mit dem Über-

all-dagegen-Fliegen und Runterfallen und Wie-
der-Hochkrabbeln, nicht mal für den kleinsten
Moment. Warum verlasse ich das Büro nicht?
Warum überlege ich nicht allen Ernstes, jetzt
zum Beispiel, was mich davon abhält? So furchtbar angebunden bin ich ja nicht. Ich muss für
zwei Jungs sorgen, aber es sind immerhin Jungs.
Ich könnte zur See fahren oder mir eine Stelle auf
dem Land suchen oder ...« Plötzlich lächelte er
Linda an und sagte mit veränderter Stimme, als
vertraue er ihr ein Geheimnis an: »Schwach ...
schwach. Kein Durchhaltevermögen. Kein Anker. Keine Grundprinzipien, nennen wir es
mal so.« Aber dann raunte die dunkle, samtige
Stimme:

>   »Wollt ihr die Geschichte hören,
>   wie sie sich begab ...«,

und sie schwiegen.

Die Sonne war untergegangen. Am westlichen
Himmel ballten sich Unmengen rosafarbener
Wolken. Breite Lichtstrahlen schienen durch die

Wolken und über sie hinaus, als wollten sie den ganzen Himmel bedecken. Über ihnen schwand das Blau; es wurde zu einem blassen Gold, vor dem sich das Gebüsch dunkel schimmernd wie Metall abhob. Manchmal sind diese Strahlen am Himmel fürchterlich. Sie erinnern einen daran, dass dort oben Jehovah sitzt, der eifersüchtige Gott, der Allmächtige, Dessen Augen auf euch ruhen, stets wachsam, niemals geschlossen. Sie erinnern einen daran, dass bei Seiner Ankunft die ganze Erde beben wird, bis sie ein einziger Friedhof ist; die kalten, gleißenden Engel werden dich hierhin und dorthin treiben, und es wird keine Zeit sein zu erklären, was sich so einfach erklären ließe … Aber heute Abend schien es Linda, als hätten diese Silberstrahlen etwas unendlich Fröhliches und Liebendes an sich. Und das Meer war nicht mehr zu hören. Es atmete leise, als sauge es diese zärtliche, frohe Schönheit in sich auf.

»Es ist grundfalsch, es ist grundfalsch«, erklang verschwommen Jonathans Stimme. »Es ist nicht der Ort, nicht die Situation für … drei

Stühle, drei Tische, drei Tintenfässer und eine Jalousie.«

Linda wusste, dass er sich nie ändern würde, aber sie sagte: »Ist es denn schon zu spät?«

»Ich bin alt, ich bin alt«, Jonathan verfiel in einen Singsang. Er beugte sich zu ihr, fuhr sich mit der Hand über den Kopf. »Schau!« Sein schwarzes Haar war von Silber durchzogen, wie das Brustgefieder eines schwarzen Huhns.

Linda war überrascht. Sie hatte keine Ahnung gehabt, dass er schon grau wurde. Aber als er sich neben ihr aufrichtete und seufzte und sich streckte, sah sie ihn zum ersten Mal nicht resolut, nicht ritterlich, nicht sorglos, sondern schon vom Alter angetastet. Er wirkte sehr groß auf dem dunkelnden Rasen, und es streifte sie der Gedanke: »Er ist ein Pflänzchen.«

Jonathan beugte sich wieder zu ihr hinunter und küsste ihr die Finger.

»Möge der Himmel deine süße Geduld belohnen, meine Schöne«, murmelte er. »Ich gehe nun die Erben meines Ruhms und Reichtums suchen …« Weg war er.

XI

Die Fenster des Bungalows waren erleuchtet. Zwei goldene Vierecke fielen auf die Nelken und die in voller Blüte stehenden Ringelblumen. Florrie, die Katze, kam auf die Veranda und setzte sich auf die oberste Stufe, die weißen Pfoten dicht beieinander, den Schwanz um sich herumgelegt. Sie wirkte zufrieden, als hätte sie den ganzen Tag auf diesen Moment gewartet.

»Gott sei Dank, endlich ist es spät«, sagte Florrie. »Gott sei Dank ist der lange Tag vorbei.« Sie machte die Augen auf, grün wie Reineclauden.

Gleichzeitig war das Rumpeln der Kutsche zu hören, das Schnalzen von Kellys Peitsche. Sie fuhr so nah vorbei, dass die Stimmen der Männer aus der Stadt zu hören waren, die laut miteinander sprachen. Dann hielt sie am Tor der Burnells.

Stanley war schon halb den Weg zum Haus hinauf, als er Linda bemerkte. »Bist du das, Liebling?«

»Ja, Stanley.«

Er sprang übers Blumenbeet und riss sie in seine Arme. Sie war umschlossen von der vertrauten, stürmischen, starken Umarmung.

»Verzeih, Liebling, verzeih«, stammelte Stanley, fasste sie unters Kinn und näherte ihr Gesicht dem seinen.

»Verzeihen?« Linda lächelte. »Aber was denn?«

»Mein Gott! Du kannst es doch nicht vergessen haben«, rief Stanley Burnell. »Ich habe den ganzen Tag an nichts anderes gedacht. Mein Tag war die Hölle. Ich wollte schon los und telegrafieren, aber dann dachte ich, das Telegramm wird nicht vor mir eintreffen. Es war eine Qual, Linda.«

»Aber Stanley«, sagte Linda, »was soll ich dir denn verzeihen?«

»Linda!« Stanley war sehr verletzt. »Ist dir denn nicht klar – dir muss doch klar sein –, ich bin heute Morgen gegangen, ohne mich von dir zu verabschieden? Ich kann mir gar nicht erklären, wie ich so etwas tun konnte. Mein verdammtes Temperament, natürlich. Aber, na ja« – er seufzte und nahm sie erneut in die Arme –, »ich habe heute genug darunter gelitten.«

»Was hast du denn da in der Hand?«, fragte Linda. »Neue Handschuhe? Zeig mal.«

»Ach, nur ein billiges Paar aus Waschleder«, sagte Stanley bescheiden. »Mir fiel heute Morgen in der Kutsche auf, dass Bell welche trägt, also bin ich, als wir am Laden vorbeikamen, kurz rein und hab mir welche gekauft. Warum lächelst du? Du hältst das doch nicht für einen Fehler, oder?«

»Im *Ge*-genteil, Liebling«, sagte Linda, »ich halte das für sehr vernünftig.«

Sie zog selbst einen der großen, hellen Handschuhe an und betrachtete ihre Hand, drehte sie mal in diese, mal in die andere Richtung. Sie lächelte immer noch.

Stanley wollte sagen, »Ich habe die ganze Zeit an dich gedacht, als ich sie kaufte.« Es stimmte, aber aus irgendeinem Grund konnte er es nicht sagen. »Gehen wir rein«, sagte er.

XII

Warum fühlt man sich nachts so anders? Warum ist es so aufregend, wach zu sein, wenn alle anderen schlafen? Spät – es ist sehr spät! Und trotzdem fühlt man sich mit jedem Moment ruheloser, als wache man langsam, beinahe mit jedem Atemzug, in einer neuen, wunderbaren, viel spannenderen und aufregenderen Welt auf als bei Tag. Und was ist das für ein seltsames Gefühl, als wäre man eine Verschwörerin? Leise, verstohlen bewegt man sich durchs Zimmer. Nimmt etwas von der Frisierkommode und legt es geräuschlos wieder hin. Und alles, sogar der Bettpfosten, kennt dich, antwortet, teilt dein Geheimnis …

Tagsüber magst du dein Zimmer gar nicht so gern. Du denkst nie darüber nach. Du gehst rein und wieder raus, die Tür geht auf und fällt zu, der

Schrank knarrt. Du setzt dich auf die Bettkante, ziehst andere Schuhe an und eilst wieder hinaus. Du bückst dich vorm Spiegel, zwei Nadeln ins Haar, puderst dir die Nase und bist wieder weg. Aber jetzt – liegt es dir plötzlich am Herzen. Es ist ein liebes komisches kleines Zimmer. Es ist deins. Ach, was für eine Freude, Sachen zu besitzen! Meins – mein eigenes!

»Mein ganz eigenes für immer?«

»Ja.« Ihre Lippen berühren sich.

Nein, das hatte natürlich nichts damit zu tun. All das war Unsinn und Quatsch. Und doch sah Beryl gegen ihren Willen ganz klar zwei Menschen mitten in ihrem Zimmer stehen. Ihre Arme um seinen Hals gelegt, seine um ihren Körper. Und jetzt flüsterte er: »Meine Schönheit, meine kleine Schönheit!« Sie hüpfte von ihrem Bett, lief zum Fenster und kniete sich auf den Stuhl, die Ellbogen auf der Fensterbank. Aber die wunderschöne Nacht, der Garten, jeder Busch, jedes Blatt, sogar der weiße Zaun, sogar die Sterne waren Verschworene. So hell war der Mond, dass die Blumen leuchteten wie bei Tag; der Schatten der Nelken, feinste lilienartige Blätter und weit geöffnete Blüten, lag auf der silbrigen Veranda. Der Manukabaum, von den Südwinden gebeugt, sah aus wie ein Vogel auf einem Bein mit einem aufgespannten Flügel.

Aber als Beryl das Wäldchen betrachtete, hatte sie das Gefühl, es wäre traurig.

»Wir sind stumme Bäume und recken uns nachts, ohne zu wissen, worum wir flehen«, sagte der kummervolle Strauch.

Es stimmt, wenn man allein ist und über das Leben nachdenkt, ist es immer traurig. Die ganze Aufregung und alles hat es so an sich, plötzlich von einem abzulassen, und es ist, als würde in der Stille jemand deinen Namen rufen, als hörtest du ihn zum ersten Mal. »Beryl!«

»Ja, ich bin hier. Ich bin Beryl. Wer ruft nach mir?«

»Beryl!«

»Lass mich zu dir.«

Allein zu leben ist einsam. Natürlich gibt es Verwandte, Freunde haufenweise; aber das meint sie nicht. Sie will jemanden, der die Beryl entdeckt, die diejenigen, die von ihr erwarten, für immer diese Beryl zu sein, nicht kennen. Sie will einen Geliebten.

»Bring mich fort von diesen Menschen, mein Geliebter. Lass uns weit weggehen. Lass uns unser Leben führen, ganz neu, ganz unsers, ganz von Anfang an. Lass uns unser Feuer machen. Lass uns hinsetzen, um zusammen zu essen. Lass uns abends lange Gespräche führen.« Und beinahe dachte sie: »Rette mich, Liebster. Rette mich!«

… »Nun komm schon! Sei nicht so prüde, meine Liebe. Genieß es, solange du jung bist. Hör auf meinen Rat.« Hohes albernes Lachen mischte sich mit Mrs Harry Kembers lautem, gleichgültigem Wiehern.

Es ist einfach so furchtbar schwierig, wenn man niemanden hat. Man ist den Dingen so ausgeliefert. Man darf nicht einfach unhöflich sein. Und immer diese Panik, so unerfahren und spießig zu wirken wie die anderen Dummerchen in der Bucht. Und – und es ist faszinierend zu wissen, dass man Macht über Menschen hat. Ja, das ist faszinierend …

Warum, ach warum kommt »er« nicht bald?

Wenn ich weiterhin hier lebe, dachte Beryl, kann mir alles passieren.

»Aber woher willst du denn wissen, dass er überhaupt kommt?«, spottete eine leise Stimme in ihrem Kopf.

Doch Beryl beachtete sie nicht. Sie durfte nicht zurückgelassen werden. Andere vielleicht, aber sie nicht. Es war unmöglich, sich vorzustellen, dass Beryl Fairfield niemals heiraten würde, dieses schöne, bezaubernde Mädchen.

»Erinnerst du dich an Beryl Fairfield?«

»Erinnern? Als könnte ich sie vergessen! Ich habe sie im Sommer in der Bucht gesehen. Sie stand in einem blauen« – nein, rosafarbenen – »Musselinkleid am Strand, in der Hand einen großen cremefarbenen« – nein, schwarzen – »Strohhut. Aber das ist Jahre her.«

»Sie ist noch genauso hübsch wie früher, wenn nicht hübscher.«

Beryl lächelte, biss sich auf die Lippe und ließ ihren Blick über den Garten schweifen. Dabei bemerkte sie jemanden, einen Mann, der die Straße verließ und jenseits des Zauns über die Wiese ging, als käme er direkt auf sie zu. Ihr Herz schlug. Wer war das? Wer konnte das sein? Doch kein Einbrecher, nein, bestimmt kein Einbrecher, denn er rauchte und schlenderte so vor sich hin. Beryls Herz machte einen Sprung; es schien sich einmal zu überschlagen und dann auszusetzen. Sie erkannte ihn.

»Guten Abend, Miss Beryl«, sagte die Stimme leise.

»Guten Abend.«

»Möchten Sie ein bisschen spazieren gehen?«, lockte sie.

Spazieren gehen – mitten in der Nacht! »Das kann ich nicht. Es sind alle im Bett. Alle schlafen.«

»Oh«, sagte die Stimme leichthin, und es erreichte sie ein Hauch süßer Rauch. »Sind die anderen nicht egal? Kommen Sie! Es ist so eine schöne Nacht. Es ist keine Menschenseele unterwegs.«

Beryl schüttelte den Kopf. Aber schon regte sich etwas in ihr, etwas hob sein Haupt.

Die Stimme sagte: »Angst?« Sie höhnte: »Armes kleines Mädchen!«

»Kein bisschen«, sagte sie. Während sie die Worte aussprach, schien sich dieses schwache Ding in ihr zu entfalten und plötzlich unheimlich stark zu werden; sie wollte mit ihm gehen!

Und als hätte der andere das genau gemerkt, sagte die Stimme freundlich und sanft, aber bestimmt: »Dann komm!«

Beryl stieg durch das niedrige Fenster, lief über die Veranda und über den Rasen zum Tor. Er war vor ihr da.

»So ist gut«, hauchte die Stimme und neckte: »Du hast doch keine Angst, oder? Hast du Angst?«

Hatte sie; jetzt und hier hatte sie Panik, alles schien ihr mit einem Mal verändert. Das Mondlicht starrte gleißend; die Schatten waren wie Eisenstäbe. Ihre Hand wurde ergriffen.

»Überhaupt nicht«, sagte sie leichthin. »Warum sollte ich?«

Es wurde behutsam an ihrer Hand gezogen, dann stärker. Sie blieb stehen.

»Nein, weiter gehe ich nicht«, sagte Beryl.

»Ach, Quatsch!«

Harry Kember glaubte ihr nicht. »Komm schon! Wir gehen nur bis zu dem Fuchsienbusch da. Komm jetzt!«

Der Fuchsienbusch war hoch. Er ergoss sich in einem Schwall über den Zaun. Darunter war eine kleine dunkle Höhle.

»Nein, wirklich, ich will nicht«, sagte Beryl.

Einen Moment lang antwortete Harry Kember nicht. Dann kam er näher, wandte sich ihr zu, lächelte und sagte schnell: »Sei nicht albern! Sei nicht albern!«

So was wie sein Lächeln hatte sie noch nie gesehen. War er betrunken? Dieses lebhafte, blinde, grauenhafte Lächeln ließ sie vor Abscheu erstarren. Was machte sie hier? Wie war sie hierhergekommen? Das fragte sie der Garten streng, als die Pforte aufgedrückt wurde und Harry Kember flink wie eine Katze hindurchkam und sie an sich riss.

»Kalte kleine Teufelin! Kalte kleine Teufelin!«, sagte er verächtlich.

Aber Beryl war stark. Sich duckend und windend entschlüpfte sie ihm.

»Sie sind ekelhaft, ekelhaft«, sagte sie.

»Warum in Gottes Namen bist du dann rausgekommen?«, stammelte Harry Kember.

Niemand antwortete ihm.

Eine Wolke, klein, gelassen, glitt vor den Mond. In diesem Augenblick der Dunkelheit klang das Meer tief, aufgewühlt. Dann segelte die Wolke fort, und der Klang des Meeres war ein leises Murmeln, als erwache es aus einem düsteren Traum. Alles war still.

ZARTES UND SCHÖNES UND EIN KALTER HAUCH

Nachwort von Nicole Seifert

Das Meer liegt in der ersten der zwölf Szenen von Katherines Mansfields Erzählung »In der Bucht« noch im Nebel verborgen, schon in der zweiten, als die so unterschiedlichen Männer Jonathan und Stanley sich beim morgendlichen Schwimmen begegnen, wird es jedoch zum Sinnbild des Lebens selbst. Nachdem Stanley Jonathan zu verstehen gegeben hat, dass er in Eile ist und kein Interesse hat, sich mit ihm zu unterhalten, denkt Jonathan darüber nach, wie verkehrt es ist, in allem eine Pflicht zu sehen, statt sorglos in den Tag zu leben. Er findet, man solle sich den Gezeiten des Lebens hingeben, statt gegen sie anzukämpfen, wie das Meer. Das Interessante: Mansfield belässt es nicht bei dieser Vorstellung verschiedener Lebensphilosophien, sie bricht sie. Denn kaum ist Jonathan nach ausgiebigem Schwimmen wieder am Strand, ist er ganz steif und blaugefroren, ihm ist eiskalt, er war zu lange im Wasser. Er weiß sein Ideal von einem entspannten Leben, das ihm im Meer so klar vor Augen stand, an Land gar nicht umzusetzen. Dieser Eindruck bestätigt sich auch im abendlichen Gespräch mit seiner Schwägerin Linda. Als er davon spricht, wie sehr ihm seine Arbeit und die Routine zuwider sind, gesteht er ein, gegen dieses Korsett aber nicht rebellieren zu können – er sei zu schwach, ihm fehle der Anker, er habe keine Grundprinzipien. Es gibt nichts, was ihn in den Gezeiten des Lebens im notwendigen Maße stabilisiert.

Zum fragwürdigen Spiegel des Lebens, zu seinem Zerrspiegel wird das Meer auch in der Szene, in der Beryl und Mrs Harry Kember zusammen schwimmen und die ältere Frau der jüngeren plötzlich als hässliche Karikatur ihres Mannes erscheint. Oder ist es kein Zerrbild, sondern die furchterregende Wahrheit, die sich im Meer offenbart? Denn in der Abschlussszene lernt Beryl ja die hässliche Seite des zunächst als so attraktiv beschriebenen Harry Kember kennen.

Das Meer ist immer wieder gnadenlos und in seiner gelegentlich bezaubernden Schönheit trügerisch. So ruhig es scheint, bei Ebbe, wenn sich nichts regt – plötzlich kippt auf dem Meeresgrund ein Stein, kurz ist ein Fühler zu sehen, und ein fadenförmiges Wesen ist verloren. Das Meer ist nicht nur funkelnd und verlockend, nicht mal bei Sonnenschein. Sogar die Badeanzüge, die zum Trocknen auf Mrs Stubbs' Veranda hängen, scheinen das zu wissen, klammern sie sich doch aneinander, wie aus dem Meer Gerettete. Das Meer ist in Katherine Mansfields Erzählung nicht nur der Schauplatz, es ist ihr zentrales Symbol.

So wie der Stein am Meeresgrund buchstäblich kippt und damit für ein schwebendes Lebewesen alles verändert und vermutlich den Tod bedeutet, so kippt auch im übertragenen Sinn immer wieder etwas. Etwa wenn Kezia und ihre Großmutter übers Sterben sprechen und das Mädchen die alte Frau anfleht, ihr zu schwören, dass sie niemals sterben, sie niemals verlassen wird – und dann plötzlich anfängt, sie zu kitzeln. Ihre Großmutter lässt den Schaukelstuhl nach hinten wippen und macht mit, die beiden liegen sich lachend in den Armen und wissen schon bald nicht mehr, worum es eben noch ging. Oder wenn die Kinder im Waschhaus, die gerade noch Tiergeräusche gemacht und Karten gespielt haben, von einem Moment auf den anderen merken, wie dunkel es geworden ist, und ein Geräusch hören, das ihnen Angst macht. Dabei geht es im Kern immer ums Empfinden der Figuren, darum, was sie wagen oder nicht, wovor sie sich fürchten, wonach sie sich sehnen.

»In der Bucht« ist eine der vier längeren Neuseeland-Erzählungen, für die Katherine Mansfield am bekanntesten ist: »Prelude«, »In der Bucht«, »Die Gartenparty« und »Das Puppenhaus«. Die letzten drei schrieb sie in einem kreativen Rausch zwischen August und Oktober 1921 in der Schweiz. Sie überlegte damals, sie zusammen mit anderem Material zu einem Roman mit dem

Titel *Karori* zusammenzufügen, doch aus diesem Projekt wurde nichts. Mansfield hat keinen Roman hinterlassen, aber mehrere Bände mit Erzählungen, die zu den schönsten der literarischen Moderne überhaupt gehören. Das Personal aus »In der Bucht« taucht auch in den anderen drei Erzählungen auf, und es ähnelt deutlich der Familie, in der Mansfield als Kathleen Beauchamp aufwuchs – das zweitälteste von vier Geschwistern, so wie Kezia in ihren Erzählungen. Auch in Mansfields Kindheit lebten bei der Familie die unverheiratete Schwester der Mutter sowie deren Mutter. Und oft war der Schwager der Mutter mit seinen Jungen dabei, die in der Erzählung als Jonathan Trout mit Pip und Rags vorkommen. Auch das Setting entspricht dem der Sommerfrische aus Mansfields früher Kindheit. In der Day's Bay bei Eastbourne verbrachten die Beauchamp-Kinder zwischen Wiesen und Dünen ihre Ferien, vorwiegend in Gesellschaft von Grandma Dyer, zu der Mansfield, deren Mutter von den Schwangerschaften und Geburten sehr mitgenommen war, eine besonders enge und liebevolle Beziehung hatte. So lassen sich die vier Neuseeland-Erzählungen, zu denen »In der Bucht« gehört, auch lesen als eine *recherche du temps perdu*.

Blickt man auf Mansfields Gesamtwerk, etwa auf die Erzählungen, die in dem Band *Die Gartenparty* versammelt sind, fallen unter den Figuren immer wieder lebenshungrige, tief empfindende Frauen auf. Frauen, die den Konventionen, den als absurd dargestellten Klassenunterschieden und Distinktionsbedürfnissen auf besondere Weise unterworfen sind, ohne sich denen, die Unterordnung erwarten, eigentlich unterlegen zu fühlen. Dass auch die Männer den gesellschaftlichen Gepflogenheiten auf ihre Weise ausgesetzt sind und darunter leiden, erkannte Mansfield früh. Wesentlich ist in den Erzählungen immer, was sich im Innern der Figuren abspielt, während sie Konversation treiben, während dieses platziert und jenes eingefädelt wird. Durch den nach innen gerichteten Blick der Erzählfigur, durch deren ganz persönliche Realität wird die gesellschaftliche, gesellige Oberfläche immer wieder konterkariert. Keine der jungen Frauen aus »In

der Bucht« ist im Reinen mit ihrer gesellschaftlichen Rolle. Beryl weigert sich, den Mann ihrer
verheirateten Schwester zu bedienen, sich ihm
mehr als nötig unterzuordnen. Und sie möchte
auf keinen Fall allein bleiben. Als Harry Kember
sie nachts am Fenster erblickt und zu überreden
versucht, mit ihm unter die Fuchsie zu kommen,
hat sie gerade von einem Mann geträumt, der in
der Lage ist, ihr wahres Ich zu erkennen. Ent-
sprechend verwirrt lässt sie sich zunächst ein auf
die Situation, bevor sie sie als das durchschaut,
was sie ist. Was Mansfield hier erzählt, ist nichts
anderes als die Geschichte einer versuchten Ver-
gewaltigung mit offenem Ende.

Mann und Frau und wer wem zu Diensten
zu sein hat – in den Szenen mit Beryl wird das
Thema mehrfach variiert. Beryls Schwester Linda kann, sosehr sie ihren Mann liebt, mit ihrer
Mutterrolle nichts anfangen, sie wäre lieber keine
Mutter und fürchtet weitere Schwangerschaften
und Geburten, denn sie liebt ihre Kinder nicht.
Geschlechterrollen mit ihren Machtstruktu-
ren, die Freiheit, die gleich mehrere Frauenfigu-

ren in Abwesenheit der Männer empfinden, ein versuchter sexueller Übergriff und *regretting motherhood* – vor hundert Jahren geradezu revolutionäre Themen für eine literarische Erzählung.

Immer wieder gibt es in Mansfields Storys den einen Moment des Erkennens, des Erschreckens, den einen Satz oder die eine Beobachtung, die Erwartungen und Wünsche zerbrechen lässt und alles verändert – oft ohne dass äußerlich etwas zu merken gewesen wäre. Die Gestaltung solcher Kippmomente beherrscht Mansfield meisterhaft. Ihr großes Gespür, die von den Figuren erlebten Widersprüche metaphorisch einzufangen, vorher genug preiszugeben, um alles einordnen zu können, aber nie zu viel, sodass immer etwas offenbleibt, das sucht in dieser Perfektion in der Weltliteratur seinesgleichen. Deshalb blieb die Kurzgeschichte Mansfields bevorzugte Form, an der sie ihr Leben lang festhielt.

Ihr Vorbild war Anton Čechov, gerade verstorben, als sie ihn für sich entdeckte. An ihm interessierte sie besonders, was andere diesem damals noch wenig bekannten Autor vorwarfen: dass es in seinen Erzählungen nicht im konventionellen Sinne Anfang und Ende gibt, keinen Spannungsbogen und auch keine moralische Einordnung der Figuren; dass es sich eher um Skizzen handelt als um Gemälde. All das übernahm Katherine Mansfield für sich und entwickelte es in ihren Erzählungen weiter. In der Darstellung des fluiden, aber fragmenthaften Bewusstseins ihrer Figuren und ihres impressionistischen Erlebens – ein modernistisches Anliegen, das zutiefst ihres war – ging sie über Čechov hinaus. Ton und Rhythmus ihrer Texte weisen voraus auf so unterschiedliche Schriftsteller wie T. S. Eliot und F. Scott Fitzgerald. Autoren und Autorinnen wie Willa Cather, Elizabeth Bowen und Christopher Isherwood ließen sich von ihr beeinflussen. Heute gehören Kirsty Gunn, Ali Smith und Kristine Bilkau zu ihren Verehrerinnen.

Von besagten Kippmomenten wird Mansfield selbst in ihrem kurzen Leben einige erlebt haben. Geboren wurde sie 1888 als Kind wohlhabender Eltern in Neuseeland, wo sie in der Familie wie in der Schule die Außenseiterin war. Für ihre Mutter war sie die stotternde Tochter mit Brille und Übergewicht, ihre Lehrer erinnerten sich an ein »etwas mürrisches Mädchen ... fantasievoll bis zur Unehrlichkeit«. Als die Eltern sie 1903 zusammen mit zwei Schwestern nach London auf das liberale Queen's College schickten, änderte sich ihr Leben grundlegend. Sie wurde ermuntert, eigene Texte zu verfassen, und lernte Ida Baker kennen, eine Lebensfreundin, auf deren Unterstützung sie sich immer verlassen können sollte. Als sie 1906 mit fast achtzehn Jahren nach Neuseeland zurückbeordert wurde, ertrug sie den Verlust der Freiheit so schlecht wie ihre Heimat, die sie mehr denn je als provinziell empfand. Viel Überzeugungsarbeit war nötig, um ihren Vater dazu zu bringen, sie erneut nach London reisen zu lassen, womit sie Neuseeland – für immer – den Rücken kehrte.

In London ging derweil das Viktorianische Zeitalter zu Ende, die Moderne begann, und Mansfield probierte sich aus, in jeder Hinsicht.

Das war auch deshalb möglich, weil sich zu Beginn des zwanzigsten Jahrhunderts die Lage der Frauen langsam veränderte. Das *suffrage movement* zur Durchsetzung des Frauenwahlrechts war Mansfield zu ernst, um sich ihm anzuschließen, aber die Aufbruchstimmung entsprach ihr. »Hier eine kurze Zusammenfassung dessen, was ich brauche«, schrieb sie in ihr Tagebuch. »Macht, Reichtum und Freiheit. Was uns so grausam einschränkt, ist der hoffnungslos überkommene, den Frauen seit Generationen eingebläute Glaube, die Liebe wäre das Einzige auf der Welt. Wir müssen diesen Blödsinn loswerden.«

Das Einzige war die Liebe für sie nie, aber sie verliebte sich leidenschaftlich – mit einundzwanzig in einen Musiker, den Sohn einer befreundeten neuseeländischen Familie, die sie jedoch rauswarf, als sie von der Art der Beziehung erfuhr. Zu diesem Zeitpunkt war Mansfield bereits schwanger. In ihrer Not heiratete sie schnell den elf Jahre älteren Musiklehrer George Bowden, der sie anbetete – um ihn noch in derselben Nacht zu verlassen. Damit sie die Schwangerschaft unbemerkt zu Ende bringen konnte, wurde Mansfield von ihrer Mutter nach Bad Wörishofen geschickt, wo sie eine Fehlgeburt erlitt. Danach blieb sie vorerst in Bayern, zog in eine Pension und arbeitete an den Erzählungen, die 1911 unter dem Titel *In einer deutschen Pension* erschienen. Und sie verliebte sich wieder, in einen polnischen Übersetzer. Der steckte sie mit Gonorrhö an, was zu spät erkannt wurde und zur Folge hatte, dass Mansfield nie mehr ganz gesund wurde.

Im selben Jahr lernte sie John Middleton Murry kennen, Autor und Herausgeber einer literarischen Zeitschrift. Mit ihm an der einen und Ida Baker an der anderen Hand verbrachte sie den Rest ihres Lebens, wie es Ali Smith formulierte. Ida Baker wurde von Mansfield in einer Mischung aus Zuneigung und Herablassung wiederholt als »ihre Ehefrau« bezeichnet, Murry heiratete sie schließlich 1918 tatsächlich, eine unkonventionelle, unruhige Ehe, die beide in ihren Texten als kindliches, unschuldiges Eden überhöhten. Im selben Jahr wurde bei Mansfield Tuberkulose diagnostiziert, eine Krankheit, der ihr ausgezehrter Körper nicht mehr viel entgegenzusetzen hatte. Auf der Suche nach Heilung reiste sie durch Europa, meist in Begleitung von Murry oder Baker, immer schreibend, darunter die schon erwähnten Erzählungen »Die Gartenparty« oder »Das Puppenhaus«, die zu ihren besten gehören und für die das amerikanische Magazin *The Sphere* so viel zahlte, dass Miete und Arztkosten fürs Erste beglichen werden konnten. In der Hoffnung, endlich auf die richtige Behandlungsmethode gestoßen zu sein, zog sie 1922 ins französische Fontainebleau in die Kommune des russischen Esoterikers Georges I. Gurdjieff, wo sie Kühe molk und Toiletten schrubbte. Als Murry sie am 9. Januar 1923 besuchte und sie ihm demonstrieren wollte, wie gut es ihr ging, lief sie vor ihm die Treppe hinauf. Die Folge: eine schwere Blutung. Sie starb noch am selben Abend.

John Middleton Murry veröffentlichte nach Mansfields Tod gegen ihren ausdrücklichen letzten Willen alles, was ihm von ihren Papieren in die Hände fiel. Zehn Bücher stellte er aus ihrem relativ schmalen Werk zusammen, was eine Freundin von Mansfield zu der Bemerkung veranlasste, er habe Katherines Knochen ausgekocht, um daraus Suppe zu machen. Dass er es gleichzeitig »vergaß«, ihre Beerdigung zu bezahlen, war nur ein Mosaiksteinchen von vielen, die dafür sorgten, dass er in dieser Zeit als einer der unbeliebtesten Männer unter Englands Intellektuellen galt. Durch sein Ausschlachten ihrer Notizbücher, durch seine Vorworte und Kommentare und durch den Einfluss, den er auf die erste Mansfield-Biografie von Ruth Mantz ausübte, strickte Murry an seiner sehr speziellen Mansfield-Darstellung. Das Bild, das er der Nachwelt überliefern wollte, war das eines menschlichen Wesens, das so natürlich und spontan, so wahrhaftig und rein war wie kein zweites, und genauso sei auch ihr Werk zu verstehen. Um diesen Effekt zu erzielen, strich Murry aus den Tage- und Notizbüchern seiner Frau vor der Veröffentlichung jeglichen Klatsch und Tratsch sowie alles, was ihre Ehe nicht in einem rosigen Licht erscheinen ließ. Es fehlen Eifersucht und Eitelkeit, man könnte auch sagen: alles Menschliche, das in Mansfields Erzählungen doch so eine entscheidende Rolle spielt. Da Murry über lange Zeit an der Quelle saß, funktionierte die Legendenbildung. Das von ihm proklamierte Mansfield-Bild wurde von Literaturkritik und Literaturwissenschaft zunächst weitgehend unkritisch übernommen. Erst Jahrzehnte später konnte anhand der Originaltexte rekonstruiert werden, was er mit Mansfields autobiografischen Schriften gemacht hatte, revidierten neue Biografien das Bild, das Murry auch im Bemühen um sein eigenes Image als Intellektueller und Ehemann entworfen hatte. Inzwischen besteht kein Zweifel mehr daran, dass Mansfield keineswegs eine Heilige war, sondern eine große Modernistin.

Zwei Dinge gebe es, die sie beim Schreiben antrieben, schrieb Mansfield 1918 an Murry. Das eine sei »Freude, wahre Freude ... etwas Zartes und Schönes scheint sich vor meinen Augen zu öffnen, wie eine Blume, ohne dass ich an Frost denke oder an einen kalten Hauch«. Das andere sei »ein extrem tiefes Gefühl der Hoffnungslosigkeit – dass alles dem Untergang geweiht ist«. Genau für diese Ambivalenz, für diese Gleichzeitigkeit widersprüchlicher Gefühle steht in ihrer Erzählung »In der Bucht« das Meer. Immer ist da bei Mansfield beides, das Paradiesische und das Bedrohliche. Vielleicht der Grund dafür, dass ihre Erzählungen auch heute noch ins Mark treffen.

VITEN

KATHERINE MANSFIELD (1888–1923)
wurde in Neuseeland als Kathleen Mansfield
Beauchamp geboren, ging in England zur Schule
und freundete sich dort später mit Virginia
Woolf und D. H. Lawrence an. Sie starb mit nur
34 Jahren in Frankreich an Tuberkulose. Mansfield hinterließ Notizen, zahlreiche Briefe und
73 Erzählungen, die zu den besten ihrer Gattung
gezählt werden.

NICOLE SEIFERT, geboren 1972, ist promovierte Literaturwissenschaftlerin und arbeitet als Übersetzerin und Autorin. 2021 bekam sie viel Beachtung für ihr Buch *FRAUEN LITERATUR: Abgewertet, Vergessen, Wiederentdeckt.* 2024 folgte *Einige Herren sagten etwas dazu. Die Autorinnen der Gruppe 47.* Des Weiteren ist sie Herausgeberin der Reihe rororo Entdeckungen.